游泳突破 精进技术

SWIM SPEED STROKES

FOR SWIMMERS AND TRIATHLETES

[美] 希拉·陶米娜 (Sheila Taormina) ◎ 著

潘蔚琳 鱼艇 ◎ 译

人民邮电出版社

北京

图书在版编目（CIP）数据

游泳突破. 精进技术 ／（美）希拉·陶米娜
(Sheila Taormina) 著 ；潘蔚琳，鱼艇译. -- 北京：
人民邮电出版社，2019.5
（悦动空间. 游泳训练）
ISBN 978-7-115-50927-7

Ⅰ. ①游… Ⅱ. ①希… ②潘… ③鱼… Ⅲ. ①游泳—
运动训练 Ⅳ. ①G861.102

中国版本图书馆CIP数据核字(2019)第041373号

版权声明

◆ 著   [美]希拉·陶米娜（Sheila Taormina）
译   潘蔚琳 鱼 艇
责任编辑 王朝辉
责任印制 陈 犇

◆ 人民邮电出版社出版发行   北京市丰台区成寿寺路 11 号
邮编 100164   电子邮件 315@ptpress.com.cn
网址 http://www.ptpress.com.cn
固安县铭成印刷有限公司印刷

◆ 开本：690 × 970 1/16
印张：12.25   2019 年 5 月第 1 版
字数：137 千字   2025 年 11 月河北第 26 次印刷
著作权合同登记号   图字：01-2016-7614 号

定价：59.00 元

读者服务热线：(010)81055410   印装质量热线：(010)81055316
反盗版热线：(010)81055315

内 容 提 要

　　游泳突破系列图书共有3册，分别从游泳提速秘诀、精进技术以及精准训练3个方面全面讲解了自由泳的技术及训练。

　　本书为第2册，主要介绍了游泳的关键技术。全书共分8章，从游泳的推进理论讲起，内容涵盖了观察和感受游泳时的升力和阻力，打水、躯干动作与衔接技巧，划水数据的重要性和分析方法，以及各种泳姿的关键技术等。最后还讲解了专业技术该如何运用，开放水域赛事的观察技术，以及短距离自由泳的直臂技术等。

　　本书适合广大游泳爱好者、铁人三项爱好者阅读。

目　录

序

　　我不会忘记在 1996 年奥运会选拔赛上第一次见到希拉游泳。那时我和我的搭档丹·希克斯一起为电视节目解说，我们实在想不通她如何与那些人高马大的选手竞争。记得当时我还替她担忧，担心其他选手在泳池中翻起的波浪会将她淹没。但令我们惊讶的是，她在 200 米自由泳决赛中通过了选拔，入选了美国奥运会代表队。事实证明，我之前实在是多虑了。这其中首要的原因何在？从技术层面看，她拥有我所见到过的最优美的泳姿之一。接着她在美国亚特兰大奥运会上获得了一枚金牌，让我为她感到骄傲的，不仅仅是她在水中表现出的无与伦比的韧性，还有她在泳池之外的超凡的领导能力。身高只有 1.57 米的希拉非常擅于鼓舞人心。每年我在与孩子们一起交流的时候，总是拿她作为一个闪闪发光的例子并告诉孩子们，要想成为一名成功的游泳选手，并不一定要身材高大。

希拉把她在游泳生涯中获得和精炼的所有技术知识都融入了你手中的这本书中。这是一本侧重于传授 4 种竞技性泳姿技术的游泳训练手册，书中提供了世界精英选手在水上和水下的清晰照片。不过，游泳可不仅仅是纸上谈兵。我的朋友希拉的教学方式展现了她的精力旺盛、鼓舞人心和聪明机智的个性，使这本书既具可读性，又有指导性。她确实是一位独一无二的教练！

诚然，拥有天赋有助于在游泳上获得成功，但最重要的是精益求精、认真训练和全身心投入。这本书给出了很多这类世界级运动员的例证，不过应该说希拉是最具代表性的。在我为这本书示范游泳动作时，她对细节的关注令我深深地为之感动，她在行动中表现出了精益求精和全身心投入。

在此之前，我从未遇到过对游泳这项运动如此热爱的人，这本书的每页都闪耀着她的钟爱之情。我为能够参与其中，倍感荣耀。而且我知道你在阅读学习之后一定会对自己的游泳成绩大吃一惊。

快游起来吧！

罗迪·盖恩斯
奥运冠军、曾 10 次打破世界纪录

前　言

　　你听说过 10 000 小时法则吗？这个法则认为，掌握一项复杂技能的关键是要练习 10 000 小时。简单计算一下，如果你每年练习 50 周，每周 20 小时，那么需要用 10 年时间来完成这 10 000 小时。到那时，你应该已经成为这个领域的专家。这个概念的流行来自于马尔科姆·格拉德威尔的畅销书《异类》。

　　关于这个法则，格拉德威尔在《异类》这本书中举了不少例子。他指出这样一个事实，在披头士乐队风靡全球之前，在 20 世纪 60 年代初的 5 年间，他们在德国举办了 1 200 多场演唱会，总演出时长超过 10 000 小时。微软的创始人比尔·盖茨上高中时就经常泡在计算机实验室里，花了至少 10 000 小时编程。格拉德威尔还列举了数位国际象棋大师和著名的小提琴家，他们也都在各自的领域花费了大量的时间。

美国佛罗里达州立大学的心理学家 K. 安德斯·爱立信对专长技能方面的研究是格拉德威尔这本书的基础。爱立信认为，技能的习得并非仅仅依赖于在时间上的积累。对于那些掌握了复杂技能的人，无论是高尔夫球手、钢琴家、外科医生、教师还是会计师，都需要通过爱立信所定义的"刻意训练"来掌握技能，他们通过从事一些高度结构化的活动和训练来专门提高技能。换句话说，高水平训练者不仅仅满足于只参加练习或是走走过场，他们熟知自己的领域，是在目标明确地开展训练。

我的10 000小时

在阅读格拉德威尔那本书时，我感到好奇，于是计算了我首次入选奥运会代表队之前的累计游泳时长，然后惊讶地发现，我也达到了10 000小时的标准。我基于每年50周的统计数字如下。

年龄段	小时/周	小时/年	年龄段的时间总和
6~10	4	200	1 000
11~15	10	500	2 500
16~25	15	750	7 500
26~27.5	20	1 000	1 500
			总和：12 500

16岁：首次达到全美初中生游泳公开赛的关门时间（经过约4 000小时的训练）。

17岁：首次达到全美高中生游泳公开赛的关门时间（经过约5 000小时的训练）。

18岁：晋级全美大学生体协第一赛区冠军决赛（经过约5 750小时的训练）。

21岁：世界大学生运动会美国国家队选拔赛（经过约8 000小时的训练）。

27岁：入选1996年奥运会代表队（经过约12 000小时的训练）。

我享受这期间的每个小时（应该说，几乎每个小时）。

竞技游泳无疑是一项复杂的技术。游泳者用手臂不断向后拉水和向前恢复，双腿上下打水，躯干随着划水而顺势运动，还要在这期间把握头部出水换气的时机。如果需要练习 10 000 小时才能掌握游泳这项复杂的体育运动，想想就让人发怵。其实，10 000 小时法则只是个笼统的概念（许多例子表明，有些人不需要练习 10 000 小时就已经达到专业水平），并不是说没有达到 10 000 小时就将一无所获。通过 3 500 ~ 6 000 小时的练习，就能够实现高水平的竞技能力，而掌握一项复杂的技能甚至只需 1 000 ~ 2 000 小时或更短的时间。

爱立信所言的关键是，要刻意地、有目标地进行训练。

那么，游泳的刻意训练是什么？它的重中之重，在于训练正确的技术和动作。游泳者跃入泳池后，就会受控于物理定律和流体力学。世界上最快的游泳选手以其特定的方式移动，顺从自然法则的要求。只有先打好基础，掌握正确的游泳技术，才能开始训练力量、速度和耐力。

游泳的最神秘之处就是技术。这项运动最有意思的部分发生在游泳者身体的下方，我称之为"深蓝区"。从泳池平台或观众席的角度，几乎不可能看到深蓝区的情况。即便是观察者潜入水下，从游泳者身体的下方来观察，也很难对划水的动态过程做到一目了然。因此必须要慢下来，拆解动作，才有可能部分理解其中的内容。

在这里，我非常感谢詹姆斯·康西尔曼，他有 60 多年专业水下拍摄游泳划水动作的经验。他的黑白照片将奥运冠军的泳姿定格在不同阶段，帮助我解开了其中不少的奥秘，也让我对水下动作有了更深入的理解。

今天，我也想为其他游泳者做同样的事，向他们展示世界顶级游泳选手的水下动作。游泳者应该将这些高超的技术烙印在脑海当中，开展刻意训练，从游泳高手的泳姿中获得启发，遵循那些关键的游泳动作规律。

从开始写这本书的第一天起，我就深刻意识到，应该请在游泳界里类似音乐界的披头士和 IT 界的比尔·盖茨这样的角色来为大家做示范。本书中的每一章都会介绍至少一位世界纪录保持者或者奥运奖牌获得者，并辅以美国国家队队员和全美大学生体协佼佼者的照片。为什么要让世界上最优秀的游泳选手来示范划水动作呢？一来，他们矫健的身姿能够激励大家，此外，还有如下许多技术层面上的原因。

- 世界上最优秀的游泳选手极少会犯动作上的错误。游泳是一项三维运动，除了横向和前后，还有纵深方向，因此存在不少有可能犯错的空间。虽说世界上最优秀的选手也不可能完全避免犯错，但他们在三维空间中的表现可以说是近乎完美的。所以，从理论上来说，你所看到的是在现实中能达到的最高水平。

- 世界上最优秀的游泳选手都是水感方面的高手。游泳成功的关键在于"感知"或"抱住"水，让身体获得牵引力和推进力，但这个概念不易掌握和应用。教练们甚至会根据训练对象是否拥有水感而区别对待。我完全相信，好的照片能够让这个抽象的概念变得易于理解。我在本书中选取了从不同的独特视角拍摄到的划水动作照片，让你一窥这个神秘世界。

- 世界上最优秀的游泳选手往往是推进与高效并举。精英选手在水中向前移动的同时，通过精神层面的反馈，他们还能够感知身体周围的水流，减小流动造成的水阻。在照片中你将看到这种双重焦点技术，即在划水的特定时刻，获取最大的推进力，同时尽可能减小水阻。

- 最后一点，世界上最优秀的游泳选手都是水下运动员。在这里我用两个指标来衡量一位游泳者的运动能力：紧绷与时机。

  ○ **紧绷：** 精英选手在划水和打水时，手臂、腿部和躯干的肌肉紧张程度都处于一个理想的状态，既不过分僵硬，也不能太放松。我非常欣赏照片中所展示的这种强有力的紧绷感。

  ○ **时机：** 亚里士多德曾经说过，"整体要比部分之和更加强大"，我非常欣赏这句话。游泳的每一个动作——拉水、打水、躯干动作，各自都有其独特和强大之处，但只有我们把这些动作有机地结合在一起，使其成为一个整体，才能在游泳中高效前行。世界顶级游泳选手都精通于这种衔接并能很好地把握时机，因此我们很有必要去关注、研究和应用他们的这种运动能力。

毫无疑问，本书的主要特点是用到了一些照片。几乎可以这样说，照片本身已经很具说明性，无须再用言语赘述。但本书还有两个要点我希望传授给你，是有关刻意训练和投入训练的，那就是：游泳科学和划水数据。

本书在第 1 章中首先回顾了游泳的科学。大多数读者开始读一本游泳书的时候，并不想去复习那些既复杂又冗长的科学理论内容，很多人会觉得枯燥。但在过去的几年里，我在泳姿动作的教学过程中已经意识到，游泳科学与物理学密不可分，主要是流体力学的概念。我认为，要尽量用浅显的语言把其中的基本原理讲清楚。我在本书中对游泳的科学进行了浓缩，以一种读者更易于理解的方式呈现出来。我相信，一旦游泳者理解了其中的物理学，就能更好地理解如何练出更好的泳姿。

这本书也着重用到了一个非常有用的分析工具：划水数据。划水数据展示了游泳者将动作和技术转化为速度和成绩的能力高低。通过划水数据，我们能够捕捉到游泳的细节，而不仅仅是简单的时间数据。例如：游过一段特定距离所需的划水次数和划水周期，这些数据为游泳技术的有效性提供了一种客观的衡量标准，对游泳者的技术学习过程是一个完美的补充。

撰写本书的时候，我采访了一些精英游泳选手，发现他们之中有超过 90% 的人能够清晰地理解划水数据，以及数据与游泳成绩之间的关系。这说明，最高的竞技水平与对工具的有效掌握往往密不可分。第 4 章解释了如何收集和使用划水数据，相应的蝶泳、仰泳、蛙泳和自由泳章节中都包括了精英游泳选手的详细划水数据。

我在写这本书时，还有一条思路潜在地贯穿其中，那就是这 4 种泳姿在推进方面的相似点。

我的第一本书《游泳突破 提速秘诀》主要关注自由泳的划水动作和水下推水的关键要素，这对于那些想要游得更快的游泳者来说不可或缺。自由泳的关键要素也同样适用于其他泳姿，它们之间的相似之处令我感到惊异。我写这本书的初衷是想在水下拍摄每种泳姿的动作，包括其最关键的要素，这样就可以帮助普通游泳者学到精英选手的特色泳姿。然而，拍照工作完成后，我从照片中发现，这些泳姿的动作有着惊人的相似点。我将图片放大，只专注于一只手臂在某个特定阶段的动作，然后发现，不同泳姿的这个阶段动作相似到几乎无法区分的地步。

为把我的意思表达清楚，这里有一个有趣的实验：本页中的图片展示了蝶泳、仰泳、蛙泳和自由泳这4种泳姿，每张照片抓拍到了泳姿中拉水阶段的抓水动作。图片都来自游泳世界纪录保持者的自然划水动作，没有一张照片是摆拍的。你能区分出他们采用的是哪种泳姿吗？

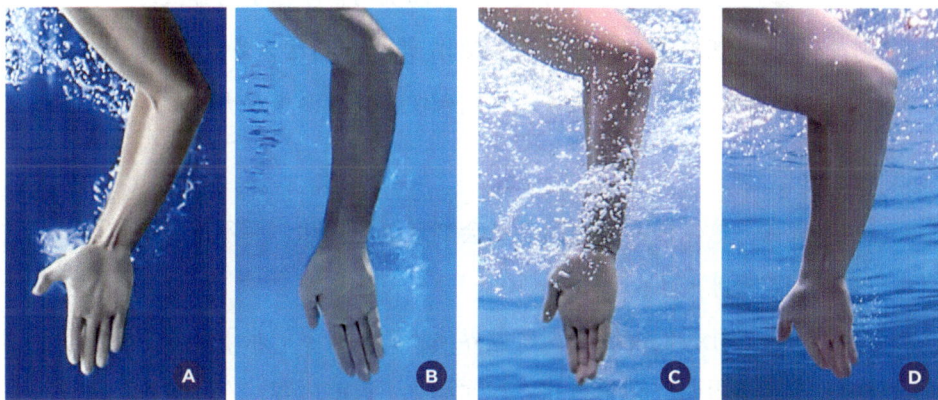

泳姿辨认： 利用拉水阶段的抓水过程来判断是哪种泳姿。

你会怎么做？ 这可不是一个简单的实验，对吧？如果不是由我来选照片，连我自己都不确定能否区分开来。这可不是件容易的事，所以不必纠结于此。通过这个例子要明白一个要点，练习任何一种泳姿的动作都能够帮助我们强化其他泳姿。我希望这对你的游泳练

注：上图中的仰泳照片只是被旋转了，未做其他改动。

（答案：A.仰泳，B.自由泳，C.蝶泳，D.蛙泳。）

习能有所启发。

很多游泳者认为自己只擅长单项或两项泳姿。大多数铁人三项运动员采用自由泳姿。而对于那些竞技游泳选手来说，如果教练要求他们练习一组动作，并且涉及他们的弱项泳姿，大多数人都会畏缩不前。我们陷入了一种思维陷阱，我天生就不太擅长那个泳姿，那为什么还要尝试呢？

这本书里的奥秘就在于，在你非擅长泳姿上付出努力所带来的益处远远超出你的想象。一位参加过我在 2014 年举办的仰泳冬训班的铁人三项运动员说过：

> "令我感到吃惊的是，学会正确的仰泳抓水动作最终帮助我理解了自由泳的抓水动作。谁会想到这么多年以后，我要通过翻过身来的仰泳方式来学会自由泳中最重要的部分？"

现在，这位铁人三项运动员会刻意练习仰泳，而不再只把它当作一种放松泳姿了。

所以，让我们继续来观察世界顶级游泳选手的水下动作，这其中有不少值得研究和学习的。当你消化了这些内容，在泳池里实践的时候，请记住，30 分钟的刻意练习要比 3 小时的瞎扑腾更加管用。

第1章
知其所以然

　　游泳这项运动的发展在很大程度上得益于少数先驱者所付出的努力。他们在职业生涯中花费了许多时间来研究游泳的科学原理，来解释人体是如何悬浮在水中，并有效地在水中前进的。正因为有了他们的工作，我们在本书中所看到的照片里，几乎每一个动作都是合理的。即使他们的努力未能给出所有问题的答案，但他们让后人能够更好地理解游泳技术中的一些为什么。为什么游泳者要以这样特别的方式游泳？为了提高效率，这样做真的有必要吗？为什么？

　　我坚信，只有当运动员理解了动作背后的含义，他才能成为一名更好的运动员，训练课程才会变得有意义而不枯燥。教练不是随意地指导，而是存在相关性地指导。照片这一丰富的直观视觉，为我们揭开了游泳的科学和技巧。一切变得更加显而易见，让运动员获得更新和更深层次的理解。

因此，尽管在如何有效向前推进这个问题上，游泳者们仍存在疑问和争论，但还是值得花点时间来做个回顾的。在本章中我暂且不谈复杂的科学，而是关注如何更好地理解这项运动，以及那些能够直接运用到游泳运动员日常训练的部分。我的上一本书《游泳突破 提速秘诀》中简要回顾了一些主要概念，而在这本书中，我对这些概念的研究将进一步深化（不过我保证，这里不会涉及过于专业的细节分析）。在接下来的章节中，我用照片来展示多维空间角度下的游泳技术，通过结合游泳科学和泳姿照片，游泳者就能更好地理解如何掌握这项复杂的运动了。

科学

游泳是在水中发生的运动，所以我们首先要考虑水是什么，水有哪些特点。如此一来，我们才能够更加有效地控制水。

显然，水是一种液体，虽然水是液体而不是固体，但它也有一定的体积和质量，可归类为物质。因此我们说，水是一种物质。

首先，让我们来考虑体积这一概念：两种物质不可能在同一时间占据同一空间，这就是体积的意义。假如你跨入一个盛满水的浴缸，水就会溢出来，你的身体和水不能在同一时间占据同一空间，一旦你进入，水就将让位。正如一个物理学网站上所说："液体是有礼貌的，与其他物质相比，液体更容易让出自己的空间，至少相比于固体而言。如果你要求，液体就会让位。"

现在，让我们再来考虑质量：物质倾向于抗拒对其速度的改变，这就是质量的意义。试想一下，尝试着移动一件大家具，家具在地板上以零的速度占据它所处的空间。而根据质量的定义，家具希望保持这种状态。如果你试图去移动它（改变其速度），就会感到非常沉重，难以推动，它在与你抗衡，这是因为家具有质量。水亦是如此，它也有质量，会阻碍试图对它的移动。

因此，我们可以认为水是一种物质，因为它具有一种可预测的特性。我们知道水能够移动，也知道在移动过程中将产生阻力。了解这些能够帮助我们更有效地与之相互作用。如果我们深入这项研究，明白了什么是运动，什么是阻力，我们就能更好地理解如何利用水来满足我们竞技游泳的需要。

这就是人们研究游泳推进的内容。人们研究液体如何移动和产生阻力，这些工作基于流体力学这一物理学的分支。流体力学研究的是流体的运动，特别是液体如何流过物体。游泳者就是液体流过的一个物体，因此流体力学与游泳运动有着直接的关系。

你在学习有关游泳的科学文献时，会碰到空气动力学领域的一些术语和参考文献。空气动力学研究空气如何流过物体（最常见的是飞机飞行），别感到不解，空气也是一种流体，空气动力学也是流体力学的一个分支。许多理论就是从空气动力学演变到流体力学的，反之亦然，包括那些与游泳相关的科学。对于游泳者来说这太幸运了，因为大家对飞机飞行的画面都不陌生，这样可以避免一些过于抽象的游泳推进概念。

为进一步理解游泳科学，最终成为更优秀的游泳者，让我们先简要了解一下流体力学这个领域。这些基础知识将帮助我们入门游泳推进理论，这是个在游泳界已讨论和争论了几十年的话题。你在下面的章节中掌握这些基本概念之后，就可以到各大游泳论坛参与有关推进技术的讨论。更重要的是，你会理解在水中到底你是依靠什么向前推进的。

每位游泳者都应该知道的两个术语

有两个概念可以覆盖 90% 的游泳推进理论，它们也是空气动力学和飞行的基础，即阻力和升力。

以下是几种对阻力的解释。

- 阻力是流体被推开时所产生的抵抗力。
- 阻力是一个运动物体在流体中所受到的阻碍其运动的力。
- 阻力是一个与流体流动方向相平行的力（平行意味着"迎面方向"）。

这些定义强化了一个概念，即物体抗拒对其速度的改变，因为不愿意被移动，因此产生了抵抗力。游泳者在水中穿行时，水将会抗拒，而所产生的抵抗力则被称作水阻。

大多数游泳者都熟悉水阻是如何拖慢前进速度的。在泳池中划水时，我们很自然地希望尽可能地减少迎面而来的抗拒 / 水阻。

阻力的类型有几种，但本书只讨论其中的一种，即形状阻力，因为它对游泳者的技术影响最大。

形状阻力与在流体中移动的物体大小有关。物体越大，其表面积越大，就会比表面积较小的物体遭遇更大的迎面阻力。这就是为什么游泳者都采用流线型姿态跃入泳池，尽可能缩小他们的"形状"，来达到减少水阻的目的。

虽然阻力是一个简单的概念，但我们对它要保持警惕。要注意，阻力被解释为平行于流体流动方向的力。当我们谈论第二个关键概念升力的时候，这一点就显得很重要了。

当然，不要认为水阻只是阻碍游泳者向前移动的副作用力。事实上恰恰相反，水阻是游泳者最好的朋友之一。水阻为游泳者提供了向前的推进力，很多人认为，它就是推进力的主要来源。

想要了解水阻如何帮助游泳者向前运动，这就需要用到牛顿第三定律。用最简单的术语表示这个定律就是："每个作用力都存在一个大小相等、方向相反的反作用力。"

结合水阻抗拒特性和牛顿第三定律，我们得到了下面的场景：游泳者用上肢在水中向后推水，上肢的表面（形状）将受到平行方向且迎面而来的水阻，也正是这个水阻同时也阻碍了游泳者的前进。但这个水阻是有益的，它的反作用力可以让游泳者抵制水中的抗拒力，进而向前移动，这就是牛顿第三定律的最基本内容。游泳者向后推水，从而身体向前游动。

因此，水阻这个词在游泳这项体育运动中有了不同的含义，要取决于语境。这个词既可以用来形容阻碍向前运动的力，也可以用来描述前进的动力来源。游泳者要意识到同一个词有两种含义，在不同语境中使用水阻这个术语，代表的是不同的意思。

图 1.1 展示了水阻既阻碍游泳者向前进，又为其推进力提供来源。

影响游泳者的另一类阻力是皮肤的摩擦。顾名思义，它是指流体经过皮肤或身体表面时所带来的阻力。粗糙表面会比光滑表面产生更多的摩擦，游泳者可以通过刮体毛和穿紧身服来减少水对皮肤的摩擦。

水阻阻碍
游泳者前进 ←

水阻提供推进力的来源
（牛顿第三定律）
（向后推向前进） →

图 1.1 水阻既阻碍游泳者向前进，又为其提供推进力的来源。

　　除了水阻，另一个对游泳推进有关键影响的就是升力。它是游泳者不借助外力游到泳池另一端的必要因素。

　　了解升力最简单的方法是通过我们都很熟悉的一个例子：飞机飞行。一旦我们弄明白了升力是如何作用在飞机上的，就可以更形象地理解它在游泳划水中所扮演的角色。

　　飞机由于升力而离开地面。飞行物理学相当复杂，但升力所需的两个基本条件均可用于泳姿。其一是机翼的方向或倾角。机翼在起飞时上仰，物理学称之为攻角，要想产生升力，就需要机翼有倾角／上仰。

　　升力所需的另一条件是在机翼的底部和顶部之间必须存在压差。机翼下方的气压必须高于机翼上方的气压。机翼的设计使其上方的空气运动速度快，导致气压较低，而机翼下方的空气运动速度慢，导致气压较高。伯努利定律解释了空气速度与气压之间的关系，它表明流体速度的增加总是伴随着施加于流体表面压力的减少，反之亦然。我们无须像专家一样刨根问底，而只需要知道，机翼下方的气压必须大于机翼上方的气压。

我们已经描述了升力所需的两个基本条件，现在对升力本身进行解释。升力是指作用于飞机上、垂直于气流方向上的力，而阻力则是平行于气流方向的力。

让我们形象一点，继续研究飞机是如何获得升力的。飞机在跑道上加速时，机翼上下方的气流速度不同，导致在机翼下方积聚了更大的压力。一旦形成这种气压差，也就产生了升力，升力从机翼下方开始向上推。在机翼下方的向上压力作用于机翼，方向"垂直于"飞机（和空气）运动的方向——气流直接流过机翼，升力从机翼的底部向上推。然而，此时的升力太小，不足以克服飞机受地球引力作用产生的重力，因此需要更大的升力。这就需要引入攻角方程式，升力的大小取决于攻角的增减。为使升力克服飞机受地球引力作用产生的重力，机翼必须上仰更大的角度。飞行员控制拉高飞机机头，抬升机翼角度，以获得更大的升力。在这一刻，飞机上的乘客会感觉到机翼"抓住"空气。正是这个强大的力量，让飞机离地上升。

游泳和提升升力有何关系？游泳者像飞机一样产生升力，但在游泳过程中所产生的是向前推进力，而不是向上的升力。尽管升力的定义意味着向上运动，但是作用力可以施加在一个物体的任何方向上。记住，升力垂直于流体的流动方向，所以升力取决于流体经过物体的方式（或者相反，物体在流体中的运动方式）。

在飞机上，我们很容易想象经过机翼的气流方向，因为机翼从机身沿水平方向向外伸展。而在水下划水的推进阶段，游泳者的手掌/手臂可被视为垂直方向上的机翼，从而产生升力。这需要我们想象着把方向旋转过来。我们必须知道手臂在朝哪个方向移动，才能知道流体是怎样经过手臂，以及升力是怎样起到推进作用的。

要想了解游泳划水过程中正确的手臂动作，划桨训练动作是最佳的途径，这在游泳训练中经常会用到。划桨训练是专门设计用来教游泳者如何完全依靠升力来向前推进的。

图1.2展示了训练的瞬间，划桨动作可采取不同姿势，最常见的是这个位于游泳者头部前方的姿势。

在划桨练习中，游泳者在身体两侧展开上肢，手掌/手臂保持竖直，然后改变手掌/手臂的抬升角度，使其相向汇拢。位于竖直方向上的上肢，将水向侧面推开。这里并没有向后的推力，因此也就没有阻碍前进的水阻。水阻作用于上肢的侧面，使得手掌/手臂在相反方向上的推力相互抵消，防止游泳者横向移动。然而，注意在扫进和扫出阶段中手掌和手臂的仰角（攻角），注意手臂的手掌一侧就是在扫进扫出过程中压水的那一侧，相比于关节面而产生更高的压力。在游泳中升力所要满足的两个条件分别是仰角和压力。

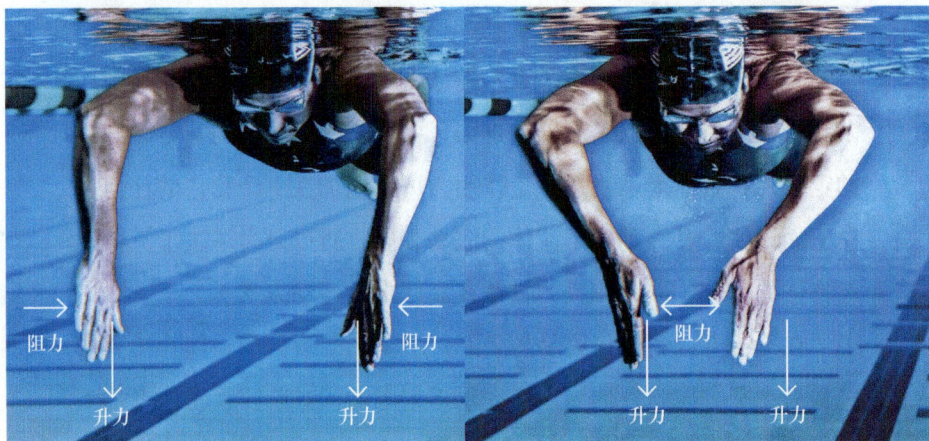

图1.2 划桨练习帮助游泳者体会利用升力前进的感觉，当双手在侧面反方向推水时，阻力相互抵消，但升力在垂直方向上起作用，将游泳者推向前方。

升力垂直作用于外侧，从上肢的下方（手掌一侧）引导阻力和推力，为游泳者提供直接向前的推力。

做过划桨训练的人都知道，这并不是一种让游泳者迅速游动的训练，而是一个缓慢的训练。因此，看似游泳中的升力并不能产生强有力的推进力。的确，游泳者不会通过划桨动作来赢得比赛，但与大多数的游泳训练类似，划桨训练的目的是为了把划水的一个特征独立出来，并且讲透彻。把划桨动作（而不是向后推水）应用在实际的泳姿当中，可以与向后推水（水阻推进）的划水动作相结合。

将平行作用的阻力和垂直作用的升力相结合，就产生了一个合力。例如，两人试图移动一件家具，一人从一边推，另一人从稍微不同的角度推，两股力量将产生合力，使得家具朝着一个方向移动。如果其中一人的力量更强，他对家具移动方向的影响更大，但另一个人的推动也起了一些作用。

在实际的泳姿中，游泳者的手掌/手臂在头部前方位置伸展，到达靠近髋部的位置结束（蛙泳的手臂则是在胸部前方结束）。毫无疑问，这期间向后推水的阻力会起作用。由于游泳是一项在三维上的运动，游泳者可以通过熟练的划桨动作，在侧向或垂直方向上产生升力。在游泳的划水过程中，阻力和升力可以共存并产生合力，这对提高游泳选手的划水效率很奏效。

图 1.3 展示了 200 米个人混合泳世界纪录保持者艾丽安娜·库克斯在蝶泳推进阶段的划水动作。如图中箭头所示，阻力和升力共同作用，产生一个前向的合力。注意她的手掌/前臂略有倾斜（攻角）。在这个划水阶段，当她向后推水时，手掌/手臂（在外侧平面上）朝着身体中轴线移动，这导致在阻力出现的同时产生了升力。

如果没有这个倾角（攻角）以及侧向（划桨）运动，就不会有升力。

但艾丽安娜在这个划水瞬间产生的作用力，有多少是向后的推力（阻力），又有多少源自手掌 / 手臂向外侧的划扫（升力）？这就是推进争论的起因。

今天，人们普遍认为在游泳划水时阻力和升力并存。关于推进力的争论主要集中在，阻力和升力在划水动作中各自发挥的作用有多大，或者说应该发挥多大的作用，哪一个占主导地位？游泳者应该更专注于向后推水，从而产生更大的阻力？还是应该更关注于利用划桨动作来产生更大的升力？这个问题的答案很重要，因为它将告诉我们如何在水中更好地运用手臂。

图 1.3 世界纪录保持者艾丽安娜·库克斯在蝶泳中利用阻力和升力所产生的合力，在泳池中向前推进。

下一节将讨论近几十年来较为流行的一种推进理论，目的是激励你更加仔细地观察本书中的照片，关注那些你可能忽略的细节，比如手掌倾角或划水动作。一旦你理解了推进的原因，这将对你的泳姿产生积极的影响。

推进理论

阻力无处不在

20 世纪 60 年代之前，大家毫无疑问地认为，游泳者的推进力来源于水阻（牛顿第三定律），所有教练也都认同这个观点。当时在游泳中还根本不存在升力这个概念。教练指导游泳运动员在整个水下划水过程中，把手掌/手臂当作船桨直接在水中向后推水。若是偏离了直线路径，就被视为错误的划水技术，因为那背离了对牛顿第三定律的充分运用。

这种划水方式意味着，游泳者在这项三维运动中仅仅用到了前/后这个维度。它使游泳者忽略了在侧向或纵向（划桨动作）的划水动作，因为那些动作不会将身体推向前方。这个推理似乎颇有道理。

但是，这个理论却有个问题——世界上最优秀的游泳选手们并没有这样做。

康西尔曼博士和升力

詹姆斯·康西尔曼博士可能没有彻底颠覆游泳界的观点。但在 20 世纪 70 年代早期，他引入的升力这个概念及其对游泳推进的影响，使得游泳运动发生了大转折。

博士是印第安纳大学的一位知名游泳教练，他带领团队 6 次参加全美大学生第一赛区锦标赛，并担任 1964 年和 1976 年两届奥运会美国男子游泳队的首席教练。他也成了历史上唯一一位这样的教练，他所指导的游泳选手在同一个时间创造了当时每个项目的世界纪录。不仅仅是所有泳姿，而是覆盖所有项目。他的职业生涯始于 20 世纪 40 年代末的游泳理论牛顿时代，当时他还是一名博士生，在爱荷华大学担任游泳教练助理。

1948 年，博士在爱荷华州发明了一种利用特殊的水下贮罐来拍摄泳姿的方法。他第一部拍摄作品的主角之一就是游泳选手沃尔特·里斯。博士是这样描述当时的场景的：

> "我拍摄了 100 米自由泳奥运冠军沃尔特·里斯的泳姿。他屈肘推水，形成一种椭圆形的划水路线。我让他改用直臂划水，结果他的速度慢了下来。我说，'这好像不太对'。但是我很笨，花了 20 年的时间才学会如何运用伯努利定律。"

博士的相机不停地拍摄，拍到的证据也越来越多。最优秀的游泳选手并没有直接向后推水。相反，他们沿着一条曲线路径划水，将侧向和纵向的动作合成为向后推水的划水动作，正如沃尔特·里斯那样。

20 世纪 70 年代初，博士在心存疑惑 20 年之后，向游泳界公开了自己的发现。他用了当时游泳明星的水下划水照片，这些人大部分来自他在印第安纳大学的游泳队，其中就包括马克·施皮茨，博士展示了曲线拉水动作（在所有泳姿中），并解释了为什么最优秀的游泳运动员才用这种划水方式。

博士首先解释了牛顿第三定律在游泳上的局限性。他说当游泳者对水施加一个向后推的力时，水开始移动，水一旦动起来，它所能提供给游泳者的水阻就将减小。博士解释说，游泳者的手掌 / 手臂必须持续加速才能跟上水的运动。以这种方式加速，不停地划水，不仅费体力，而且效率低，游泳者很快就会筋疲力尽。

博士认为，牛顿第三定律对于短增量的向后推水是有效的，但不适用于整个水下划水阶段的全过程。他相信，通过将手掌/手臂移动到邻近的水体，可以是侧边、下边或上述的后向路径，游泳者就能够找到缓慢移动或静止的水体，再一次有效地利用牛顿第三定律。

博士的这一部分解释让教练们易于接受，因为它保留了当时大众普遍接受的动作–反映的这个观点。然而，博士的第二部分内容却引起轰动。他解释说，侧向和纵向的划水路径对于那些在静止水体中运动的游泳者来说，并非是一种阻碍，而事实上这些动作恰好产生出向前的推进力，其作用甚至可能超过阻力的作用。博士接着对伯努利定律进行了解释，在游泳这项体育运动的历史上首次引入升力的概念。他在这方面发表的第一篇文章是《伯努利定律在人类水中推进力上的应用》。

博士的理论在游泳界被称为S拉水模式。他解释说，一艘靠螺旋桨驱动的船速比船桨驱动的要快。同理，游泳者在水中像螺旋桨一样用手掌/手臂（沿着S曲线路径）前进的速度要比用手掌/手臂像船桨一样向后划动的游速要快。

博士的这个发现可谓轰动一时。20世纪60年代之前的阻力支配理论已经过时，被他所提出的升力支配理论代替。20世纪70年代是游泳史上的10年巨变期，游泳者开始在侧向和纵向运用划桨动作，与向后推水动作相结合。

塞西尔·科尔温和涡流

康西尔曼博士引入的升力这个概念不仅在全球范围内影响了人们的泳姿习惯，他还第一次证明了科学在理解和指导游泳技术上发挥的重要作用。他撰写的《游泳中的科学》一书激发了大家研究流体力学的兴趣，相关的研究工作至今仍在持续。

博士在南半球的同行塞西尔·科尔温就受到了他的启发。在20世纪50年代和60年代，他在南非指导的游泳运动员打破世界纪录并获得奥运奖牌。塞西尔全身心地投入到他的研究中，他同意康西尔曼博士的观点，认为游泳者在水中不应直接向后压水，而应该沿着一条弧形的路径，他也认同博士提出的升力推进理论。然而，对于博士升力理论中的一条解释，他却并不认同：在稳定的气流环境中，飞机和螺旋桨产生升力（机翼连接在飞机上的一个固定位置，螺旋桨叶片焊接有一个固定的攻角，因此气流能够稳定地流过），游泳者的手掌/手臂则不断转向，在一个不稳定的流体环境中运动。塞西尔认为，游泳者产生升力的方式与飞机固定翼和螺旋桨产生升力的方式有所不同。

受好奇心的驱使，塞西尔开始研究如何在不稳定流体环境中产生升力。他研究了鸟类和昆虫的翅膀动作，以及海洋动物的鱼鳍动作。他的结论与博士一致，升力是游泳推进的主导力量，但其产生方式更类似于自然飞行，而不是飞机飞行。塞西尔解释说，一只鸟振动/抬升翅膀，在翅膀周围产生气压差和空气循环。这种循环形成涡流，即流体围绕轴线旋转，正是这种涡流循环，叠加在一般意义的气流之上，这就是升力产生（推进力产生）的机制。

塞西尔解释说，游泳者的手掌/前臂在侧向和横向的划水动作引起压力差，使得手掌/前臂周围的水开始循环流动，就如同振动翅膀一样。循环的水流缠绕或旋转在肢体周围，形成了产生升力/推进力的涡流。

塞西尔指导他的游泳选手成了娴熟的"涡流制造者"。他解释说，每次手掌转向至邻近的水体时，在上肢周围已经存在的涡流就会消失，随即一个新的涡流会快速形成。他警告说，不要让涡流过快地消失，或随机地消失，那样会浪费体力。当游泳者以最快速度前进时，在划水动作中将空气卷入，就能够看到涡流。塞西尔通过观察游泳选手的水下划水动作在后方所卷入的涡流，就可以判断出他们游泳的高效性。涡流过早消失表示游泳者的手掌/手腕过于僵硬或是转向过快。塞西尔还指出，在打水动作过程中，足部的周围也会形成涡流，打水完成之后，涡流随即消失。

总之，塞西尔赞同博士的游泳划水动作（曲线拉水路径），他鼓励游泳选手去感知水的循环流动，而不仅仅是机械地划水。他可能会说，不要把注意力放在螺旋桨叶或机翼上，而应该自然而然地去感受水流。

厄尼·马格利索和阻力

塞西尔·科尔温和康西尔曼博士都声称，主导游泳推进力的是升力，尽管根据不同的原理。厄尼·马格利索是一位知名的大学游泳教练，他的团队共 13 次赢得了美国全国大学生体育协会二区联赛的冠军。他拥有运动生理学的博士学位，至少有一段时间，他也认为升力占主导地位。回顾精英选手在水下的划水动作，结果表明，他们的手掌/手臂似乎在侧向和竖直方向的移动幅度比前后方向的更大，因此升力主导是一个合理的解释。厄尼出版的书与博士的观点一致，他关注伯努利定律，以及精确的手掌攻角。在每次游泳划水的螺旋桨叶片动作中，手掌攻角对于获得最大升力推进至关重要。

这项研究持续到 20 世纪 90 年代。然而，有两个发现却对伯努利定律和升力主导推进力理论的合理性蒙上了一层阴影。首先，人们发现伯努利定律并不适用于人类的游泳推进，因为游泳者的手掌/手臂既非适当的流线型，也不够光滑（如机翼/螺旋桨），在其表面无法形成边界层。边界层是在物体表面与流动的流体接触的薄薄一层流体，这是伯努利定律的一个必要条件。边界层在游泳者的手掌／手臂处分离。同时，人们开始审视伯努利定律在游泳推进中所起的作用，更为复杂的研究（计算机模拟，利用在流体中不同攻角下的石膏手掌模型）结果表明，阻力在整个游泳划水过程中占主导地位，而不是升力。

　　厄尼回到黑板上，重新审视他的研究和结论。首先，他仔细观察了 S 划水路径。在游泳划水中，如果伯努利定律无法解释升力占主导作用，而是阻力占主导推进作用，这有多大的必要性？游泳者是否应该更加关注直线向后推水？厄尼在研究划水路径时和博士一样，他也发现，如果游泳者在流动的水中游到一个邻近的静止水体时，他们能够更加有效地施加推进力。他还提到，一条曲线路径比一条直线路径更长，因为在每个划水周期里，游泳者可以将推进力运用到更远的距离和更长的时间，所以路径越长越好。

　　一旦确定了曲线路径的好处，厄尼开始检验一项关于阻力起主导作用的新研究结果，这些结果意味着，游泳者的手掌／手臂应该如何移动至邻近的水体。基于研究成果，厄尼现在认为阻力是主导，那么游泳者不必关注手掌／手臂的精确攻角以获得最大升力。他们应该更关注的是向后压水，而升力和倾角仅仅是为了让手掌／手臂通过较长的路径到达邻近水面，从而更加有效地施加阻力（注意：厄尼解释说，尽管伯努利定律不再适用于游泳划水，但升力依然存在，游泳者通过手掌／手臂的掌面部分按压水面，制造出所需的压差，掌面的压力比关节面的压力更大）。在《最快的游泳》这本书中，厄尼解释了为什么测量升力和阻力，理解哪个力量占主导地位，这是非常重要的：

"游泳者通过升力和阻力的合力来向前推进。你可能想知道为什么要知道升力和阻力哪一个贡献更大如此重要。这是因为，贡献最大的那个力决定了向前推进动作的重点。如果升力贡献大，游泳者应该在侧面和竖直方向的肢体划动力量更大，这些划动的后向分量应该更小。相反，如果像我认为的，阻力的贡献更大，游泳者在划水推进阶段应该把更多力量用于肢体向后的推水。"

厄尼的研究明确指出，游泳者应该集中精力在前后方向，但他澄清说，这并不意味着游泳者应该回到 20 世纪 60 年代的直线后推路径，曲线路径很重要。他写道："在水中，游泳者不要用手臂直接向后推，而他们似乎是在斜向划水的同时向后推水。"

厄尼在他的书中解释说，斜向划水动作所产生的力量略低于游泳者将手掌 / 手臂完全朝向后方，并用全部力量都向后推水，不过减少量可忽略不计，超过了更长划水路径所能弥补的量。此外，他还说，直接向后划水要求运动员维持高速的动作切换（为了跟上水的移动），这是低效的。

通过几十年的研究，为了找到推进力的关键核心，厄尼认为，游泳者在水中采用曲线或斜线路径时，应该主要向后推。

———

数十年以来，在这一章中提出的 4 个推进理论此起彼伏地占据优势地位。直到今天，其中的两个理论仍然很坚挺，塞西尔·科尔温的涡流理论和厄尼·马格利索的阻力理论。虽然塞西尔和厄尼在升力和阻力哪一个是主导推进机制的观点上不尽相同，但最重要的是，他们有一点是相同的，那就是游泳者要注意和刻意训练在水下沿曲线路径游泳。

接下来的章节将展示精英游泳选手在水下划水动作的诸多照片。我希望科学能够启发你仔细观察精英选手手掌／手臂的位置、角度和划水路径，在泳池中理解这些起作用的物理定律，并且你的划水动作也将依赖于此。

第 2 章
观察和感受升力与阻力

    在上一章中，我们介绍了升力和阻力这两个概念，其目的是为了让游泳者了解到它们真实存在于游泳这项运动中。毫不夸张地说，正是这两个概念诠释了竞技游泳，否则，我们就只能是水中的漂浮者。但了解它们只是刚刚开始，是时候来理解它们在游泳划水中的表现了。同样重要的是，要学习体会它们。

    要了解这两种力，就需要研究划水推进动作中的两个分量（手臂拉水和腿部打水）。本章主要关注拉水动作，它是划水中最复杂的部分。打水也是推进力的一个重要来源，在下一章中我们会将打水和躯干动作（划水的另一主要组成部分）放在一起讨论。

    在进入本书后面针对不同泳姿的章节之前，我们将在本章中将4种泳姿的拉水技术放在一起讨论。通过各泳姿之间的相互对比，推进力最显著的特点就会彰显出来。尽管蝶泳、仰泳、蛙泳和自由泳的姿势从水面上观察各有差异，但在水下，它们的推进力却惊人地相似。这一点也不足为奇，因为他们都受到升力和阻力的作用。

要想体会升力和阻力的感觉，就需要了解另一个更为抽象的概念——水感。对水感的描述是如此抽象，以至于游泳教练们经常评论一些最优秀的游泳运动员做到了"人水合一"。这些顶尖运动员如同得到了某种神秘 X 元素的帮助。他们的划水动作流畅，且毫不费力。我们将在本章结束时定义这个 X 元素，它并不抽象，也不需天赋异禀，而是能被习得的。

拉水动作

与游泳中的其他动作相比，需要对拉水动作的力学合理性给予更多的专注。拉水动作是唯一需要在横向、纵向以及前后这 3 个维度上进行配合的动作。而泳姿的其他部分动作，例如打水和躯干动作，只需要游泳者在两个维度上配合。这不是说两维动作就容易，尤其是在整个划水过程中，需要把所有动作都配合起来完成。这只是意味着，从整体角度而言，拉水动作更为重要。注意：蛙泳的打水是三维动作，在蛙泳那一章中我们将会特别介绍。

曲线路径

想要开始了解拉水动作，我们必须学习推进力理论中的曲线路径这一概念，它也常常被描述为"含斜向分量的主要后向路径"。尽管理论界对拉水动作到底由升力还是由阻力主导仍存在争议，但在 20 世纪 60 年代以后，大家达成一致，认为精英选手不是直接向后推水，而是采用曲线路径。顶尖的游泳运动员在划水时会利用所有可能的三维动作。

回顾一下，曲线路径具有优势的原因有以下两条。

- 它使得游泳者从流动水区移动至邻近的静止水体，施加力量更为有效。

- 手掌／手臂沿曲线所经过的路径比直线后推要长，使得游泳者在每个划水动作中施加的推进力会作用于更远的距离和更长的时间。

在向后推水时沿着更长的划水路径，将手掌／手臂移动到邻近静止的水面应该是什么样的？图 2.1 ~ 图 2.4 作为 4 种泳姿的示例，展示了这种曲线路径，或称为斜向后推路径。

图 2.1 艾丽安娜·库克斯的蝶泳拉水动作。在向后推水时，她的手掌／手臂向内扫动。注意第 2 帧中，水对她前臂的压力，当她移至邻近的水体，延长推进划水路径时，她并没有失去与升力和阻力的联系。

图 2.2 世界纪录保持者亚伦·佩尔索在仰泳的拉水动作中，他的手掌／手臂向上扫至邻近的水体。注意在两图中，佩尔索的手掌／手臂都正面迎水，在整个的拉水循环中，精英选手的手掌／手臂都主要是朝向后方，向后压水，即便是在他们移动至邻近水面的时候。

图 2.3 世界纪录保持者丽贝卡·索尼在蛙泳的拉水动作中，她在向后压水的时候，手掌／手臂向上向内扫动，她利用水下的所有 3 个维度的动作来向前推进。

图 2.4　奥运金牌获得者彼得·范德卡伊在自由泳中，手掌在身体下方沿曲线路径扫过，而不是沿直线路径，注意在两图中，他的手掌／手臂都正面迎水。

拉水的 3 个阶段

在每种泳姿中，世界级的游泳选手都会利用在水下的 3 个维度，沿着曲线路径移动。那么问题来了："在每次划水中，他们究竟要沿多少根曲线，或者做几次方向转变呢？"

精英选手在水下拉水时，要做两次转向，有这两次足矣（注意，由于蛙泳的手掌／手臂无须拉回至髋部，所以推进方向只需转向一次）。水会对我们的前进产生一段时间的水阻，然后有礼貌地让开。我们最好找到邻近的水体对我们继续产生水阻。

转向发生在水下划水循环的特定位置，第一次转向大约发生在划水行程 1/3 的位置，第二次转向发生在大约 2/3 的位置。通过注意转向发生的位置，我们可以把拉水动作划分为 3 个阶段，然后研究每个阶段的特征（蛙泳仅包括前两个阶段）。尽管我称之为阶段，但不要把它们当作3个独立的动作。手臂拉水是一个连续的过程，方向的变化很小，要做到无缝衔接。

这3个水下推进阶段分别是抓水、斜向和结束阶段。

抓水阶段

当游泳者将手掌／手臂置于水中并朝向后方时，抓水是在每个划水循环的第一个动作，目的是以前进的方式来利用升力和阻力。抓水是在划水循环的推进阶段中唯一发生在头顶的动作。

良好的抓水动作需要有弹性和力量。达到冠军水平的优秀运动员每天都会维护和训练这部分的划水动作，而我们在日常训练中经常会忽视这个环节。

预备抓水时，游泳者需要在前一个划水循环完成并恢复后，在水中将手臂向前伸出至头顶位置。

将手臂伸展至头顶，游泳者需要用上背部的肌肉群将肩胛骨压向前方。图2.5展示了彼得·范德卡伊在自由泳的伸展和抓水时，他肩胛骨周围肌肉群的状态。

从第1帧中的无推进伸展，转换到第2帧所示的有推进（朝向后方）的屈臂抓水动作，游泳者必须注意3个重要方面：上臂内旋，外展至略大于肩宽，逐渐屈肘。让我们来更仔细地研究下每一个动作细节。

内旋是转动上臂，游泳者转动手臂，使得肘部微微朝上（在仰泳中，肘部朝向前方）。以这种方式巧妙地引导肘部，是建立游泳中所谓高肘抓水技术的关键。高肘并不意味着肘部在水中的实际高

图 2.5 从开始伸展(第 1 帧)到抓水阶段(第 2 帧),彼得将肩胛骨压向前方。如第 2 帧所示,当手掌 / 手臂还位于头顶时,他已经将手掌 / 手臂调整为正面迎水,将推进路径延长。

度,而指的是肘关节朝向上方(对于仰泳则是朝向前方)。在第 1 帧彼得伸展时,他肘关节的骨头指向泳池的侧边。而在第 2 帧他抓水时,骨头指向上方。内旋很重要,因为它能激活背部有力的背阔肌。

从直臂伸展过渡到屈肘抓水时,游泳者必须将上臂宽度展至肩宽。当上臂的宽度与肩同宽时,游泳者就处于更有利的位置来充分利用升力和阻力的作用。游泳者将上臂外展至肩宽以外的程度多少,因泳姿不同和个人喜好而异。确定最佳展宽的依据是,当手臂和上背部肌肉群感到最强有力、最协调的位置，并且在此处的肩关节没有任何压迫感。

在进行抓水训练时，将上臂宽度展至略超出肩宽，直到你上背部肌肉感觉到最强有力、最协调的位置，并且肩关节没有任何压迫感。以精英选手作为标杆，但最终要按照你自己在力学上的舒适度来决定你抓水动作的宽度。

最后，抓水最显著的特征是屈臂的姿势。当手臂向外展至肩宽位置，上臂内旋时，游泳者逐渐（而不是突然）在肘部屈臂，这使得上臂竖直，向后迎水，开始抓水动作。

抓水动作需要大量的注意力和敏捷性，并且需要一种独特的力量来操控肩胛骨和上臂，使其达到一种与日常生活中截然不同的状态。如果有针对性地定期训练，这项技能是能够掌握的。以下总结了所有泳姿中优美的抓水动作所需要的 4 个要点。

- 肩胛骨主动将手臂压向前方（在头顶）。
- 上臂内旋，引导肘部微微朝向上方（仰泳则朝向前方）。
- 上臂展至略大于肩宽的位置。
- 手臂在肘部逐渐弯曲。

图 2.6 ~ 图 2.8 显示了奥运游泳运动员在不同泳姿中从伸展到抓水的阶段。泳姿间的相似性显而易见。

仰泳是在仰位游泳，抓水动作也不同于其他泳姿。抓水的时候手臂是水平的，内旋使得肘部向前，而不是向上朝着水面。虽然看

图2.6 在蝶泳的伸展（第1帧）和抓水（第2帧）阶段，艾丽安娜将肩胛骨压向前方，她将向后迎水的手掌／前臂在头顶位置向前伸得越远，她的推进划水路径就越长。

图2.7 在蛙泳的头顶抓水（第2帧）阶段，丽贝卡的上臂内旋，引导肘部朝向上方，向外展至与肩同宽，然后屈肘。

图2.8　金牌获得者阿什利·惠特尼在自由泳中伸展（第1帧），然后将肘部内旋朝上，进行抓水（第2帧），她在手掌／前臂仍在头顶时，就开始向后迎水，延长了推进的路径。

起来不同，良好的头顶抓水动作仍然是所需的要素。图2.9的第1帧和第2帧照片分别显示了亚伦·佩尔索的伸展阶段和抓水阶段。在这些照片中，亚伦·佩尔索正在完成他的出水划水（出水划水是游泳者在蹬离泳池壁和完成水下潜泳后，将他带到水面的第一次拉水动作）。游泳者应该在出水划水时建立起完美的身体姿势，这会为后面的划水奠定良好的基础。

　　要记住，力量、弹性和体会抓水的感觉所需的耐心，都不可能仅仅通过一次练习就能掌握。随着练习时间的增加，经过深思熟虑和刻意训练，任何一位游泳者都可以掌握这些技能。如果你减慢学习节奏，专注于每个细节，每次注重其中一点，你就会更有收获地

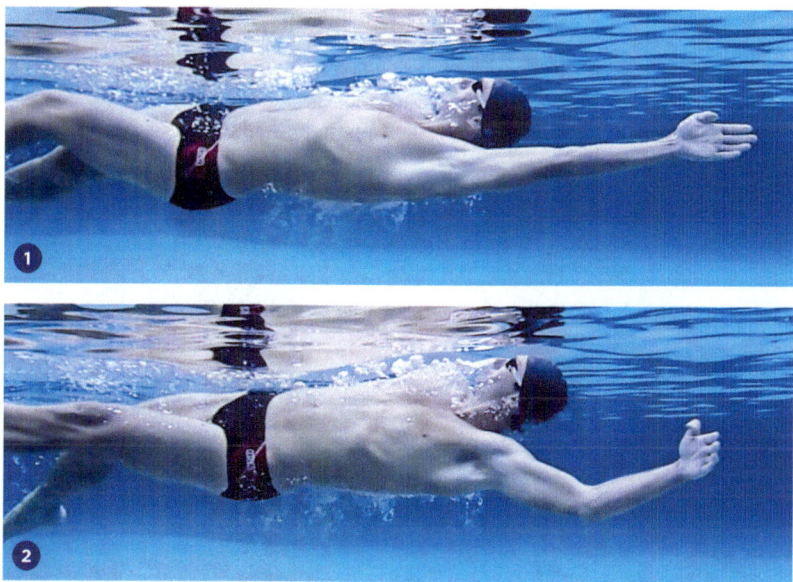

图 2.9 亚伦伸展上臂（第 1 帧），再内旋将肘部引向前方（他移动的方向），开始抓水（第 2 帧）。他在屈肘时，通过持续地将肩胛骨压向前方，完成了抓水动作（手掌／前臂向后迎水），此时他的手臂仍在头顶位置。

掌握以上这 4 个要点。轻松地游，缓慢而自如地开始抓水动作，精英选手经常这样训练。当你想游快的时候，你必须更剧烈、更迅速地将动作做到一步到位。但是，你首先应该退后几步，耐心地学习技术细节。

另外要记得，如果你认为自己是某种泳姿的专家，练习所有泳姿的抓水动作可以帮助你提高所擅长泳姿的抓水动作，因为其中的推进原理是类似的。

斜向阶段

一旦游泳者完成抓水，并开始向后压水，很快就要进行第一次的方向改变，转至划水的斜向阶段。这个转向发生在手掌／手臂还略微在头部上方，或者是刚刚越过／略低于游泳者的头部时。

　　我称这个阶段为斜向阶段，这是因为，当游泳者正确地引导方向变化时，相对于水面，前臂和上臂与水平呈 45 度夹角。图 2.10 显示了在蝶泳、仰泳、蛙泳和自由泳中的这个标志性特征。需要注意的是，每个泳姿均呈 90 度屈肘。

图 2.10　在划水的斜向阶段，前臂和上臂与水平呈 45 度夹角，并且肘部呈 90 度屈肘。

要达到图 2.10 所示的强有力的斜向位置，游泳者在向后压水时必须要做两件事：结束上臂的内旋；将手掌／前臂略微向上向内，压在邻近的水体上。这个划水阶段要求上臂和手掌／前臂协同做等幅运动。一些游泳者在这个划水阶段容易犯的错误就是，手掌压得过多，而肘部却落在了后面。而另一些游泳者则将肘部在前后方向上落下，使得手掌／前臂滞留在后面滑行。

　　除了要获得期望的 45 度角之外，还有一些其他信号能够说明你正确地经过了斜向阶段，那就是：肘部指向外侧，而不是向上（在仰泳的斜向阶段，指向下方），手掌和前臂如同一只巨桨，呈一条直线。

　　让我们来观察精英游泳选手是如何在 4 种泳姿中完成从抓水到斜向阶段的转变的（图 2.11 ～ 图 2.14）。与抓水相同，它们之间的相似性是显而易见的。

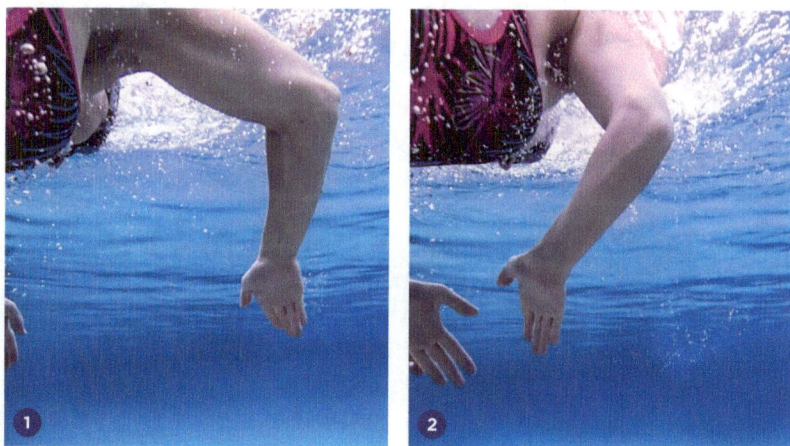

图 2.11　艾丽安娜在蝶泳中从抓水阶段（第 1 帧）到斜向阶段（第 2 帧）的过渡，她向后压水时，手掌／前臂如同一只巨桨，呈一条直线。

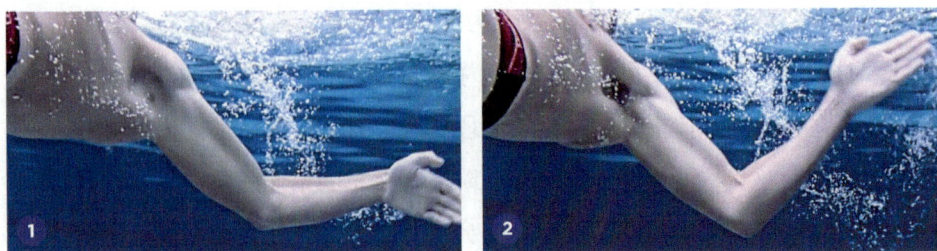

图2.12　亚伦在从抓水阶段（第1帧）过渡到斜向阶段（第2帧）时，他向后压水，引导手掌／前臂向上向内。

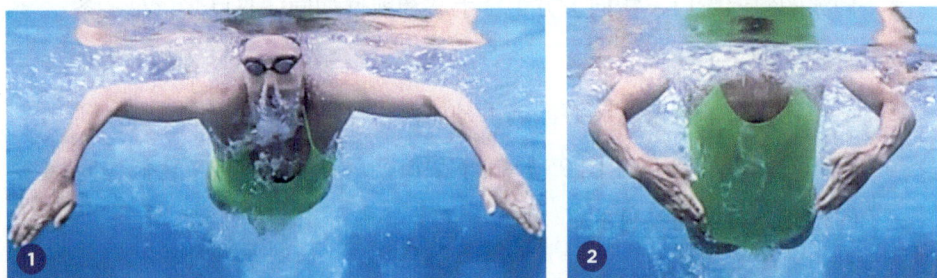

图2.13　丽贝卡在蛙泳的抓水阶段（第1帧）肘部指向上方，在斜向阶段（第2帧）则指向外侧，在手掌／前臂向上向内扫时，她持续地向后压水。

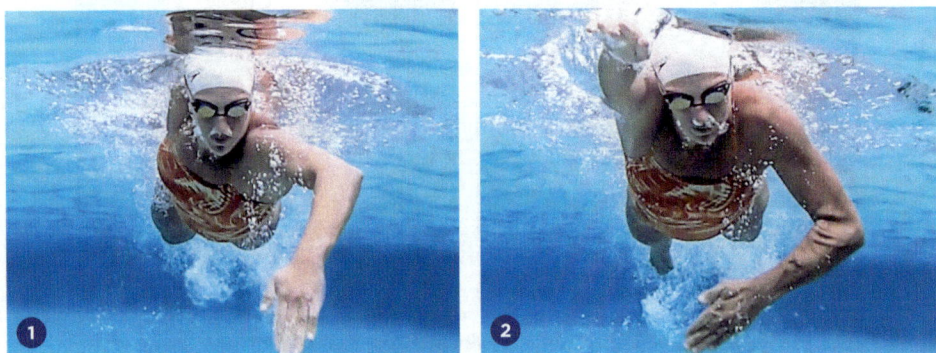

图2.14　阿什利在抓水阶段（第1帧）上臂内旋，并且在划水的斜向阶段（第2帧）停止内旋。

划水斜向阶段的姿势没有抓水阶段那么别扭,那么具有挑战性,但是必须正确地进行才能产生良好的效果。和抓水动作类似,专注练习任何泳姿的斜向阶段技术细节,都会对你擅长的泳姿起到强化作用,这是由于,在这一阶段的推进力具有相似性。

完成阶段

一旦游泳者的手掌／前臂越过肋骨,就到了进行第二个也是最后一个方向转变的时候,由此来完成水下拉水动作(除蛙泳外,其他泳姿都结束于完成阶段,然后向前收臂恢复)。蝶泳、仰泳和自由泳,这3种泳姿都有完成阶段,手掌改变方向以延长划水路径,并将上肢移至邻近的水体,如图2.15 ~图2.17所示。

图2.15 艾丽安娜通过巧妙地调整手掌的倾角,来完成蝶泳拉水动作的斜向阶段(第1帧)到完成阶段(第2帧)的过渡。在进行方向转变时,她持续不断地压水。

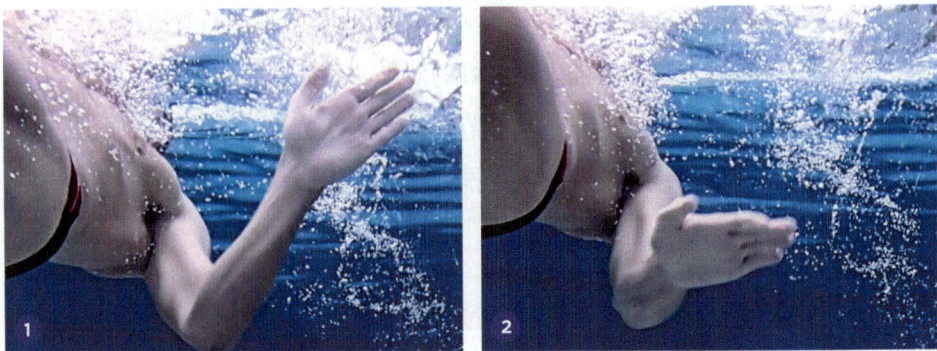

图 2.16 亚伦在仰泳时，在向后压水的同时，略微调整手掌倾角，使其朝向下方和外侧，他完成了从斜向阶段（第 1 帧）到完成阶段（第 2 帧）的过渡。

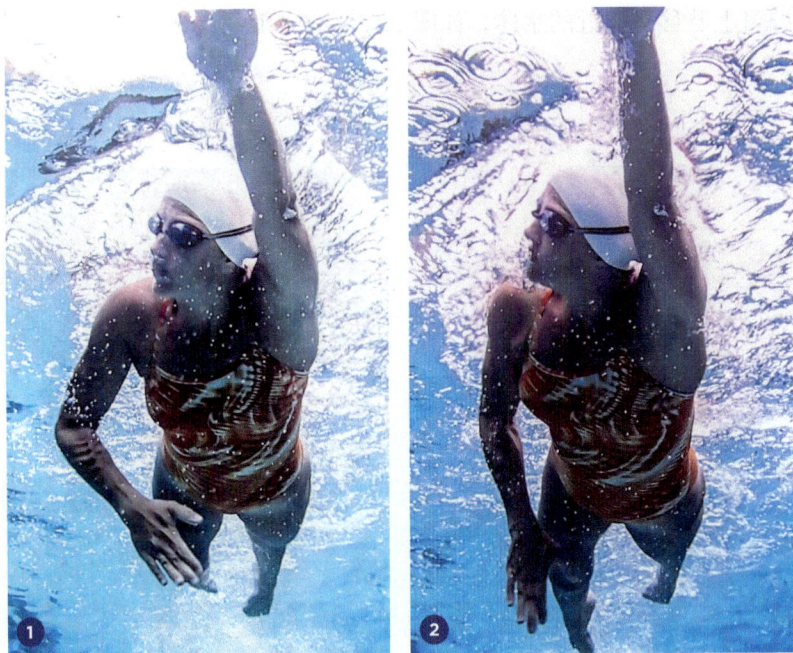

图 2.17 阿什利在自由泳从斜向阶段（第 1 帧）过渡到完成阶段（第 2 帧）时，调整右手的倾角。

对每种不同的泳姿而言，完成阶段有细微的差别，这些将在每种泳姿的对应章中进行讨论。但是，这里所示的 3 种泳姿的共同点是最为重要的方向改变。手掌倾角的改变，引导推进的上肢到邻近的水体，延长了向后划水的路径。

游泳中的 X 元素：水感

我们对曲线拉水动作的回顾揭示了精英选手的技术动作。不论我们研究哪位运动员或者哪一种泳姿，同样的划水动作总是出现在奥运金牌得主和世界纪录保持者的划水动作中。最终的答案是精确的技术，或是其他更多因素？是什么使得他们游得流畅且毫不费力？他们划水动作中的 X 元素到底是什么？

这个 X 元素就是游泳中所指的水感。水感也被视为运动员抱水，即在流体里获得摩擦力并将其转化为向前运动的能力。在水中，我们都会受到升力和阻力的作用。精英游泳选手在遇到这些力时会有什么感觉？他们是否与其他人的感觉一样，或者拥有不同的、极具天赋的感官功能？

精英游泳选手不会感受到不同的升力和阻力，升力和阻力只是肢体对抵抗力或压力的感受。你可以在水中向任何方向按压手掌／手臂来感受抵抗力，没有秘密可言。然而，精英游泳选手的肌肉运动感知和本体感知能力得到了强化，使得他们能感受到，为了对抗水阻而施加的力如何在水中转变为速度，以及何时可以利用水阻来向前推进自己。

肌肉运动感知是一种感知肢体和身体运动的能力，而本体感知是感知身体及其部位的姿势和位置的能力。这两种感知能力成就了精英游泳选手流畅和几乎毫不费力的泳姿。一些游泳者可能天生就拥有肌肉运动感知和本体感知能力，但是，任何运动员都可以通过刻意训练习得这些能力。让我们来看看游泳者如何练习才能习得这些高端能力，从而将 X 元素融入他们的泳姿。

肌肉运动感知能力

训练肌肉运动感知能力要求游泳者在进行曲线拉水路径时要做两件事情：与水接触的肢体表面要最大化，并且在肢体中保持适度的肌肉紧绷（不能太僵硬，也不能过于放松）。迎水的接触表面越大，你就能更多地感受到水，也就能压住或者抱住水。如果你曾经练习过拳游技术（一种在划水时手握拳而不是伸开的练习），那么你就会知道相比于握拳，伸展手掌会感受到或抱住更多的水。在本书中的每张照片里，你都将看到精英游泳选手将手掌展开，使得接触面最大。你还会看到，他们的手腕保持平直，使得前臂和手掌保持直线，形成了一只巨桨。如图 2.18 所示，彼得在划水时，手掌伸平，手腕平直，他的手掌／前臂形成一只巨桨。

还要注意彼得划水的手掌和手臂的肌肉紧绷程度。他用力抵

图2.18 彼得感受到施加在手掌／手臂上的压力，并利用它来向前推进自己。

抗水阻，但是身体并不僵硬。僵硬的肌肉无法获得感知，比如感受不到水的压力。同样，放松的肌肉无法抵抗力量。当你划水时，找到适合的紧绷感，训练肌肉的耐力，使其在每次划水中都保持这种紧绷感。注意到大多数精英游泳选手向后压水时，手指保持并拢，但并不是紧绷。在有些照片中你可以看到，手指之间有非常细微的缝隙。你需要研究贯穿在本书照片中的手掌／手臂的紧绷以及指间缝隙，因为这是有关水感的一个重要特征。

本体感知能力

如果你训练了肌肉运动感知能力，却朝着错误的方向压水，这对你毫无帮助。在曲线路径中，你的手掌／手臂必须向后迎水，从而使得升力和阻力的合力将你向前推进。具备能够判断肢体是否处于正确位置的本体感知能力，这一点至关重要。

在图 2.19 中，弗拉基米·莫罗佐夫在完成自由泳的划水动作时，他清楚地知道自己手掌／前臂的指向。他虽然看不到肢体处于向后迎水的位置，但是他凭借感受水中的抵抗力，也就是向前推进力，就可以判断出来。

当你训练时，不时地在划水动作的中间停下来，定格你拉水动作中的手掌／手臂，并回头看

图 2.19 弗拉基米·莫罗佐夫完成自由泳的划水动作，他可以感受到手掌和前臂向后迎水，尽管他看不到自己的上肢。

看你的划水桨是否向后迎水。如果不是，就要调整指向／倾角，并有意识地练习记住这种感觉。

其他需要感受的要点：手速

谈到高手的抱水，精英游泳选手的泳姿有一个共性：手的加速。精英游泳选手的手速在抓水阶段最慢，随着划水动作的进展，速度逐渐增加。而不太娴熟的游泳者划水速度是恒定的，手速保持不变。手速与手上施加的力量直接相关，手速越快，就会转化成更大的作用力。因此，随着划水动作循环的进展，精英游泳选手在手上施加的力也在增加。

在抓水阶段，不要急于将水推回来，耐心地让上肢处于正面向后的姿势，这样才能以指向前方的方式，深思熟虑地利用升力和阻力来施加力量。一旦转向至斜向阶段（这来的非常快），手速（手施加的力量）就应该随着进入拉水完成阶段而逐渐增加（注意：在方向改变到完成阶段时，速度会略有下降。但是，总体来看，从划水中段到完成阶段，速度是增加的）。精英游泳选手在划水的结束阶段，会加速后推手掌／手臂所感受到的水体，然后立即松开（放开）水体，抬起上肢做恢复动作。

经验丰富的教练经常把划水动作称为小脉冲。一个小脉冲就是一次动量的改变。感觉水对肢体的抵抗力和手速的变化，以及它们是如何转变为划水的动力的。

另一种对小脉冲的定义是一种强烈而鲁莽的冲动或者对行动的渴望。当你感受到四肢上的水阻时，你应该感受到前进的渴望，并且了解如何有效地完成。让我们通过图 2.20 来结束这一章的内容，在图中你几乎可以看到伊丽莎白·贝赛尔抵抗手掌／前臂所感受到

图 2.20 奥运奖牌获得者伊丽莎白·贝赛尔在感受手掌 / 前臂上的升力和阻力，并知道如何在泳池中利用它们有力地将自己向前推进。

的水阻的那种强烈愿望。她看起来非常期待，她希望向前，她完全知道如何利用升力和阻力向前进。

我希望你恰好有去游泳池并开始练习泳姿的冲动！

第 3 章
打水、躯干动作与衔接

在上一章我们知道，正确引导拉水路径至关重要，它是奥运级别的竞技和三维本体感知。但是，如果分解成细小的动作进行针对性练习，任何人都能够掌握它。花时间练习划水路径很重要，不光是为了练成强有力和有效的拉水动作，而且这个动作对于整体划水过程非常关键。想实现所有潜能的游泳者必须将拉水和另外两个主要元素同步起来——打水和躯干动作。如果拉水动作不到位，那么划水的余下两个动作也同样不会到位。

在本章中，我们将学习衔接技术。只有当身体各部位像老式机械火车的齿轮一样工作，游泳者才能达到最快速度。

在学习划水的各个动作如何衔接之前，我们先来分别学习打水和躯干动作。打水和拉水一样，也是游泳者推进力的来源，利用身体的升力和阻力来产生向前的运动。躯干，也就是身体的躯干，不能像手臂和腿部那样向后迎水来抵制升力和阻力，因此，也就无法产生推进力，它与水流之间的关系，只能被称为我们第 1 章中所说的不利的水阻。但这并不意味着它只能成为我们游泳前行中的后拖力。其实，躯干在游泳划水中扮演着一个主要的角色。事实上，许多优秀的游泳选手认为，他们与普通游泳者的不同之处在于，对躯干作用的掌握。

打水

在很多情况下，在运动员运用正确的技术后，打水是产生推进力的一个强有力的来源。运动员在水下打水的速度要快于在水面拉水的速度。一方面原因是，与水下相比，水面有更多的湍流；另一方面原因是，有力的下肢能够更有效地利用升力和阻力。

在 20 世纪 80 年代，游泳运动员和教练们认识到腿部的推进潜能。从 1988 年到 1998 年，在这短暂的 10 年游泳史中，掌握了水下打水技术的运动员，从起点开始就潜泳前进，同游泳馆内的其他人一起，屏住呼吸，游 25 ～ 35 米后才浮出水面。这非常刺激，很奇怪，观众们显得既友好又不那么友好，但绝对危险。运动员在出发和转身的时候，屏住呼吸，逼出自己的极限。很快，仰泳比赛规则于 1988 年被改写，之后在 1998 年蝶泳和自由泳的规则也是如此，要求运动员在出发和转身后 15 米之内必须浮出水面（蛙泳则没有这样的规定，因为蛙泳的限制是一次水下拉水和打水）。

如果充分发挥蹬壁的全部潜能，打水毋庸置疑是一个有力的武器（在后面的章节中将更多地解释这一点），但对一次完整的划水来说，将打水与手臂拉水以及躯干动作相结合后，会是怎样的呢？它对整体速度有多大的贡献呢？在本节中，我们会检验打水技术；

在下一节中，我们会研究划水过程中的打水时机，来最大化它对总体速度的贡献。

打水技术

在 4 种泳姿中，每种泳姿的打水动作目标与手臂拉水一样，都是为了让游泳者用肢体形成背对水的姿势，从而直接利用推进力驱动身体向前。当整条腿都参与到打水动作中时，足部起到游泳者与升力和阻力的连接作用。在蝶泳、仰泳和自由泳中，游泳者利用脚面来连接升力和阻力。而只有蛙泳的打水动作与其他泳姿不同，在技术规则中是这样描述的："在打水的推进阶段，足部必须外翻。"换言之，在推进阶段足部不指向前方，所以蛙泳运动员只能选择利用足底来连接升力和阻力。

图 3.1 展示了每种泳姿的屈膝状态。为了在足部建立强有力的

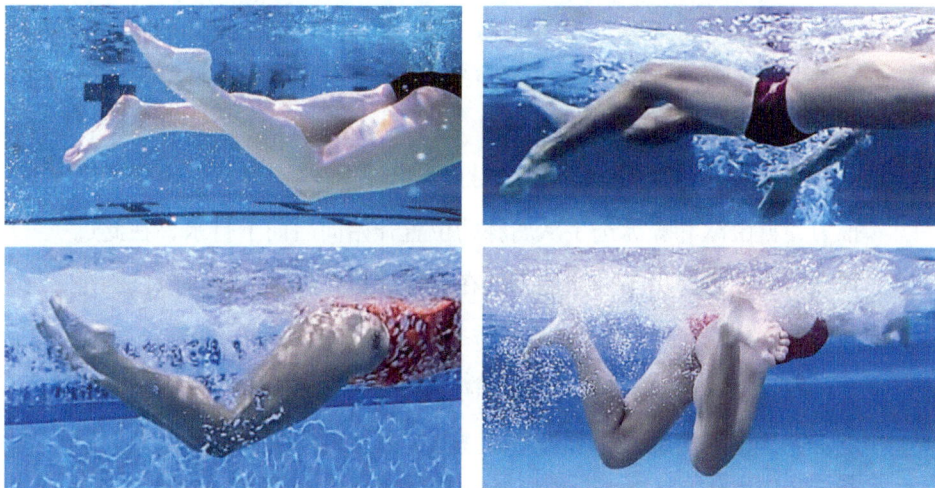

图 3.1 在所有泳姿中的打水推进阶段之前，游泳者必须通过屈膝来形成足背迎水的姿势。

足背迎水姿势，采用任何泳姿的运动员都必须在打水的推进阶段之前屈膝。运动员弗拉基米尔·莫罗佐夫在自由泳的屈膝（右腿），亚伦·佩尔索尔在仰泳中屈膝（左腿），伊丽莎白·贝赛尔的蝶泳和劳拉·索格的蛙泳。

在蝶泳、仰泳和自由泳中，精英选手还采用足尖向内的方式，在踝关节获得更大的活动范围，这为选手们提供了更有利的足背迎水姿势，让足部在感受水阻时的接触面积更大。道格·雷诺兹在图3.2中所演示的水下蝶泳／海豚打水动作，我们看到他的足尖向内（大脚趾相对）。

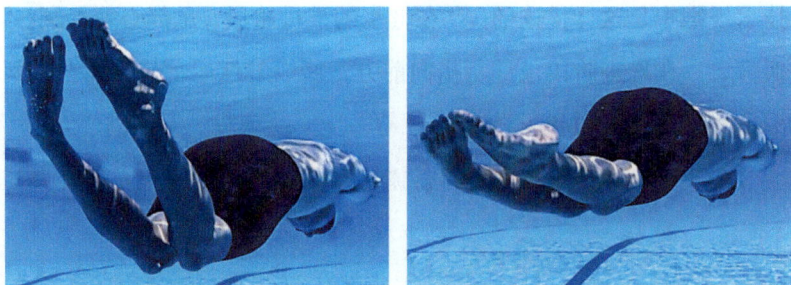

图3.2　精英蝶泳选手道格·雷诺兹的双足向内，从而在踝关节获得更大的活动范围和更有利的足背迎水姿势。

除蛙泳外，其他游泳方式的打水动作都是二维运动。为了产生推力，自由泳和蝶泳选手从屈膝的位置开始向后向下打水，在此过程中将腿伸直。由于仰泳选手处在后仰姿势，打水的推进阶段则是向后向上的。

打水动作由髋部传至腿部，游泳者向下轻压大腿（仰泳则是向上），让强有力的髋部屈髋。从图3.1中的每帧照片都可以看到屈髋动作。以这种方式开始打水所产生的力量，将随着小腿的向后向下伸展（对于仰泳则是向后向上）而传递至整条腿，这是一种波状或鞭状动作。打水结束时，腿部完全伸直，游泳者一面保持直腿状态，一面向上（仰泳则向下）恢复肢体，准备下一次的推进打水。在直腿恢复阶段，髋部由屈髋恢复到正常状态。

图 3.3 显示了弗拉基米尔的自由泳水下打水动作。我们来回顾一下打水技术，注意看他的右腿。弗拉基米尔在第 1 帧中屈膝，使得足背迎水。在第 2 帧中，他通过屈髋来启动打水动作（大腿微微下压），在向后向下伸展腿部时继续波浪式运动，直至腿部伸直（第 3 帧）。注意第 3 帧在完成打水时，他的足部低于髋部，但并不是非常低。在最后一帧，弗拉基米尔将直腿抬起进行恢复，一旦腿部高于髋部，他重新屈膝，开始下一次的向下推进打水。

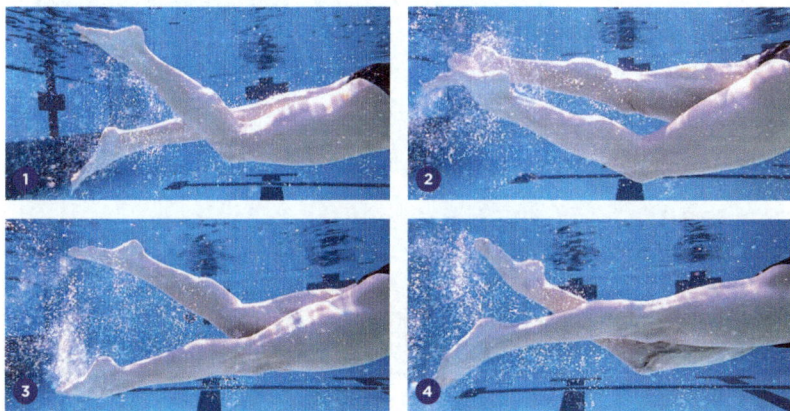

图 3.3 弗拉基米尔的自由泳水下打水动作。

我们划水动作中的打水与拉水类似。下一页的图 3.4 展示了伊丽莎白在蝶泳的推进阶段向后向下打水的动作。通过屈膝和足背迎水，伊丽莎白屈髋（第 1 帧）开始打水动作，她伸展小腿，向后向下打水（第 2 帧），腿部完全伸直，如同波浪般，足部低于髋部（第 3 帧）。

图 3.4 伊丽莎白屈膝使得足背迎水（第 1 帧）。她向下向后打水，直至腿部完全伸直（第 2 帧和第 3 帧），从而获得有力的蝶泳打水。

图 3.5 显示了亚伦的仰泳打水动作。由于亚伦处在仰卧位置，他是向后向上打水，而不是向后向下，但从力学而言，与自由泳和蝶泳相同。注意亚伦的左腿，你可以看到他屈膝直至足背迎水（第1帧），屈髋并且向后向上打水（第2帧），在打水结束时腿部完全伸直（第3帧）。

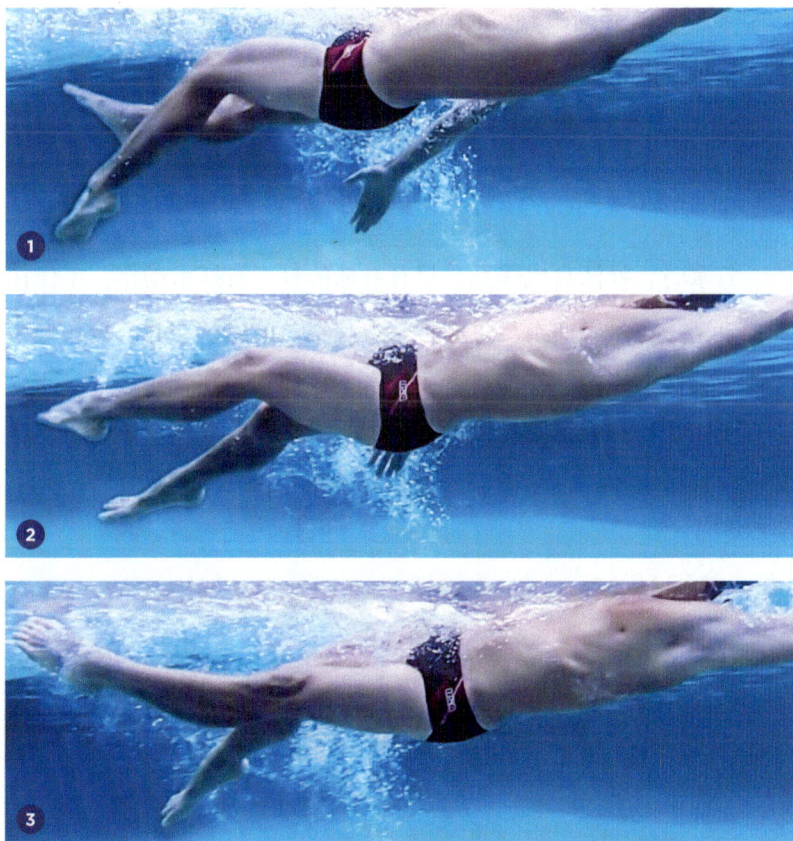

图3.5 亚伦感受到左脚上部的升力和阻力，他屈髋并且向后向上打水，来完成仰泳的推进打水。

　　打水时，蛙泳自成体系。只有蛙泳的打水有抓水动作，工作在三维方向，在足底而不是足面将升力与阻力衔接在一起。这在蛙泳的章节将做特别论述，现在让我们看看如何让足部背水。

　　为了让足部背水，蛙泳和其他泳姿一样需要屈膝，但同时必须屈踝，足部外翻，而不是足尖相对和内翻。图 3.6 展示了劳拉的蛙

图 3.6　全美大学生体育协会冠军和世界冠军得主劳拉·索加足部背水，利用升力和阻力推动自己前进。

泳打水，她屈膝屈踝，足部向外翻转，如在两帧照片中所示，她的足部背水。仔细观察照片，注意劳拉足底的水阻，可以看到升力和阻力的存在。

躯干的动作和功能

让我们切换话题，研究划水动作中向后迎水的身体部分——躯干。身体的躯干不可能处于这样一个位置，既能对抗水阻向后压水，又能克服它自身的质量向前移动。推进完全依赖四肢，但是，虽然躯干不能产生推进力，它却能在前移过程中起着积极的作用。

为使身体躯干主动参与向前运动的过程，游泳者应该从两方面来考虑躯干的功能。首先，他们必须让身体处于水阻最小的位置，阻力不能完全避免，但游泳者可以控制水流是否以流线型（平滑）方式经过身体，或者在经过时黏附于身体之上。游泳者的头部、躯干、髋部和大腿呈一条直线，感受到水流不受限制地流过。如果水似乎附着在身体的某一特定部分，例如髋部或大腿，游泳者可以调整骨盆倾角或身体轴线，来感受更好的流线型身姿和平滑的水流。

躯干的第二个功能是在划水时顺势做有节奏的运动，这包括沿身体轴线移动躯干，而不是简单地将呈直线的身体躯干在水中保持静止。基于身体旋转的性质，可将泳姿分成两类：蝶泳和蛙泳是短轴泳姿；自由泳和仰泳是长轴泳姿。短轴是指连接一侧髋部到另一侧髋部的假想线；长轴则是沿身体长度方向的一条假想线，从头顶直至肚脐，将身体分为左右两侧。

蛙泳和蝶泳的游泳者沿短轴以波浪动作来移动躯干，在划水的全部阶段，当身体沿短轴以节律波动时，髋部位置靠近水面。

图 3.7 中的照片显示伊丽莎白在蝶泳中沿短轴前进。注意她在向前向下（第 1 帧）摆动躯干，然后向前向上（第 2 帧）时，她的髋部始终保持在水面下一点。她的身体灵活而富有弹性，但也从不在水中下沉或者失去紧绷度。伊丽莎白总能意识到水流是如何流经她的躯干、髋部和大腿的，以确保在划水的每个时刻，水流都是平稳的。

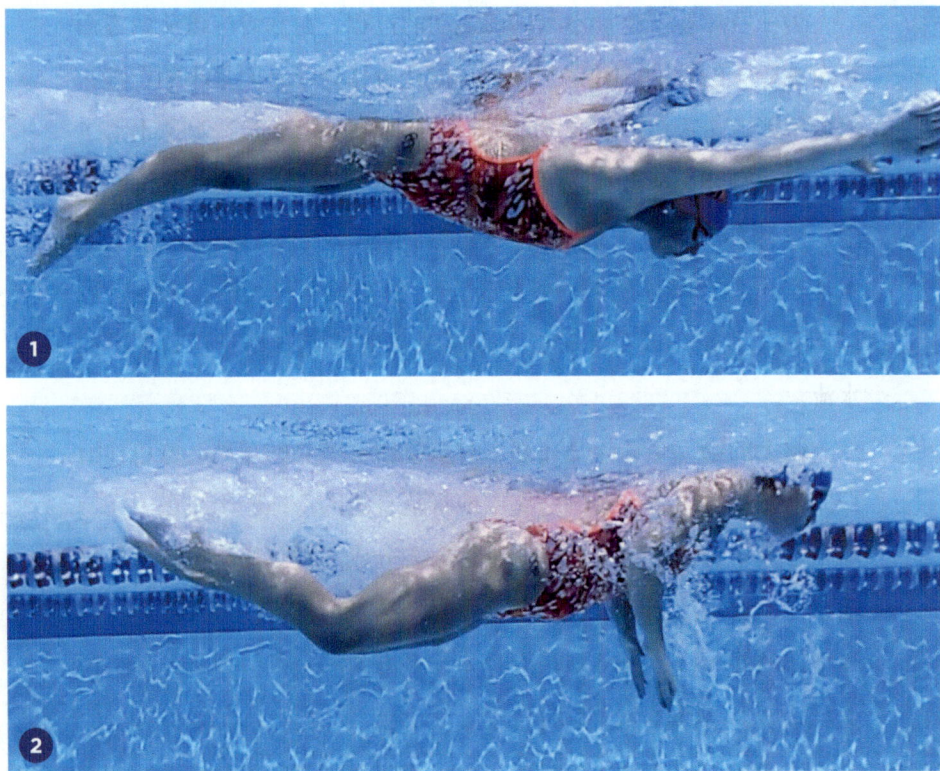

图 3.7 伊丽莎白·贝赛尔在短轴上的蝶泳波动动作。

在做短轴动作的过程中，蛙泳选手始终保持髋部靠近水面。在图 3.8 中，丽贝卡在短轴上做向前向上（第 1 帧）和向前向下（第 2 帧）的移动，髋部在水中从未下沉。丽贝卡通过练习普拉提和瑜伽来加强核心力量，从而能够控制这个短轴动作。

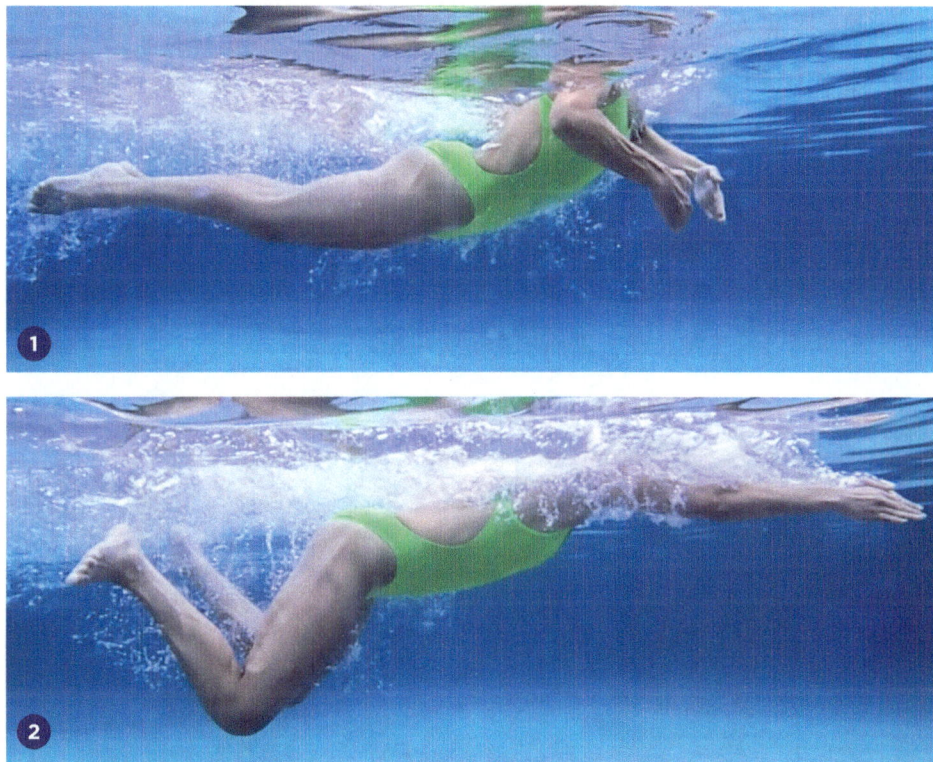

图 3.8 丽贝卡·索尼在蛙泳中沿短轴方向驱动身体核心。

自由泳和仰泳则是躯干沿长轴转动。短轴泳姿的难度在于保持髋部一直靠近水面，而长轴泳姿的难度则在于保持身体两侧的平衡。仰泳和自由泳的双臂不是同步移动的，因此游泳者不像蝶泳和蛙泳那样平衡。在长轴动作过程中感觉失衡的游泳者常使用四肢来进行补偿。他们将手掌／手臂压向身体一侧，或采用剪式打水至身体一侧，这就使得手掌、手臂和足部偏离了向前移动这一主要目的。

在长轴上平衡的关键是正确地伸展和抓水。游泳者要在抓水时胸部、肩胛骨和手臂在体侧向前伸展，髋部则在身体另一侧向上转动，手掌／手臂也要在这一侧完成划水动作。长轴转动是一个斜向运动（躯干轻微扭转），而不是身体骨架向一侧的倾翻。身体一侧伸展，另一侧转动。

图 3.9 展示了彼得在自由泳中沿长轴向前伸展。注意他在抓水时，身体左侧的髋部向上，而胸部和手臂在右侧向前伸展。通过专注于抓水，彼得建立了一个稳定的平台，他的髋部和下肢随着划水动作顺势沿长轴转动，因而不会失去平衡。

图 3.9 彼得·范德卡伊在抓水时，沿长轴方向保持完美平衡。

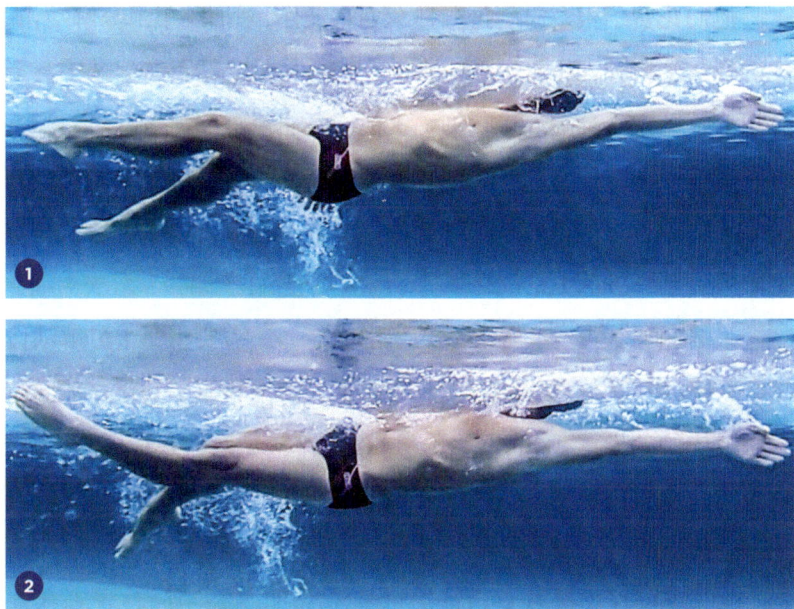

图 3.10 亚伦·佩尔索尔在伸展抓水时，沿长轴转髋。

在图 3.10 中，亚伦在仰泳时身体左侧的胸部、肩胛骨和手臂向前伸展，在身体右侧的髋部则向上移动。注意在两图中，他的手臂向前伸展时，有明显的转髋动作。亚伦的左臂专注于抓水，这提供了一个稳定的平台，使得他在沿长轴驱动髋部和下肢时不会失去平衡。

划水时机

我们已经讨论了一些有关拉水、打水和躯干动作的技术细节，不要感到害怕，你的很多动作可能都是正确的，而你所需要做的是改进或更正部分的划水动作，这也正是游泳运动的魅力所在。精英选手也同样在改善他们的拉水、打水和躯干动作。

他们花费了很多时间拆分整套划水动作，来训练单个分解动作。他们专注于单独训练打水、拉水以及核心力量。精英游泳选手甚至会将分解动作再分解开进行训练。他们一遍遍重复抓水练习，却不继续完成全部的拉水动作。在划水动作中的特定阶段，他们会以一个固定的姿势进行划桨练习，来增强手掌／手臂的力量。这就是他们学习复杂任务的方法。

最终，要获得一套最有效的划水动作，还需要将每个分解动作结合起来，与其他动作同时完成。拉水、打水和躯干动作，如同齿轮系统中的各齿轮，各自开启但又相互连接。游泳者仅仅通过拉水，就可以获得一定的速度；再加上合拍的躯干动作，速度可以更快；再配合恰到好处的打水，那速度就会更快。

20世纪80年代对自由泳姿的研究表明，合拍的打水动作能够提高平均10%～12%的整体推进力，甚至在某些情况下提高了27%。虽然缺乏对其他3种泳姿的研究，经验丰富的教练在这方面的共识是，对于仰泳和蝶泳，打水对推进力的贡献不会少于这个数字。由于蛙泳的划水动作分为两步，一次拉水，然后一次打水，打水则为蛙泳者贡献了50%的推进力。

然而，对自由泳推进的类似研究显示，如果游泳者的打水与拉水和躯干动作配合不好，或是打水技术不佳，手臂划水动作加上打水后，最终的推进速度反而会减少6%。很多读者游不好可能与这个统计数字有关，有些铁人三项运动员甚至会选择放弃打水动作，认为既消耗能量，又无助于提高速度。不光是铁人三项运动员这样做。在自由泳训练中，你会看到教练在泳池边大喊"打水！"，他们希望运动员利用双腿，但游泳者在水中试图这样做时却感到力不从心，运动员甚至怀疑打水只会浪费体能，对前进没有任何帮助。

在每种泳姿中，当手臂不在推进（例如在伸展阶段）或即将进入非推进阶段的那一特定时刻，一个有效的打水才会介入进来。尽管游泳者在水中似乎是以固定的速度向前行进，但对于速度的研究表明，在整个划水周期中前进的速度是在变化着的，存在身体减速和身体加速的时刻，这取决于在划水周期中所处的阶段。精英游泳选手能够通过完美的时机把握能力，在最大限度地缩短减速的时长。他们拥有动量，当拉水需要协助时，他们恰当地运用躯干，适时开始打水。

研究打水的时机很重要，这使得有抱负的游泳者能够掌握精确的时刻，缩短减速期。尽管在研究推进力和躯干动作时，我们可以把4种泳姿放在一起对比，但是时机的掌握和动作的衔接则几乎不具有可比性。没有哪种泳姿的动作连接方式与其他某种泳姿完全一样。每种泳姿都是一套独特的舞蹈。蝶泳是短轴泳姿，每次拉水结合两次打水；蛙泳是短轴泳姿，每次拉水结合一次打水；自由泳和仰泳是最为相近的两种泳姿，都是长轴泳姿，每次拉水结合6次打水（有些自由泳运动员打水2次或4次，但6次打水是最常见的），但拉水和打水间隔时间的不同，使得这两种泳姿成为两种不同的舞蹈。

在接下来的各个章节中，我们会重点讲解每种泳姿的时机／动作衔接，但在本章结束之前，让我们来看一下4种泳姿里有3种泳姿在划水周期中共同拥有的一个重点（蛙泳独有的两步特性使其与其他泳姿相异）。下面这个例子说明了在划水周期中，把握住打水时机的战略意义。

在蝶泳、仰泳和自由泳划水过程中的完成阶段，精英选手将划水周期的完成阶段与有力的打水动作相结合，来实现我称之为奋力一击的动作——能量满满的冲击动作。奋力一击发生在游泳者将手臂回到水面恢复之前，在划水动作的完成阶段，游泳者的手臂即将出水恢复来为下一个手臂推进循环建立抓水而减速之前，奋力一击起到了向前加速的助推作用。研究表明，精英选手在蝶泳、仰泳和自由泳的划水完成阶段所获得的峰值前进速度就是源于奋力一击这个动作。

在图 3.11 中，伊丽莎白在蝶泳的手臂划水周期完成阶段，适时地打水推进，这就是奋力一击。在她手臂出水恢复而降速之前，奋力一击为她提供了一个向前的峰值速度，划水动作中的这一刻，她的速度是最快的。

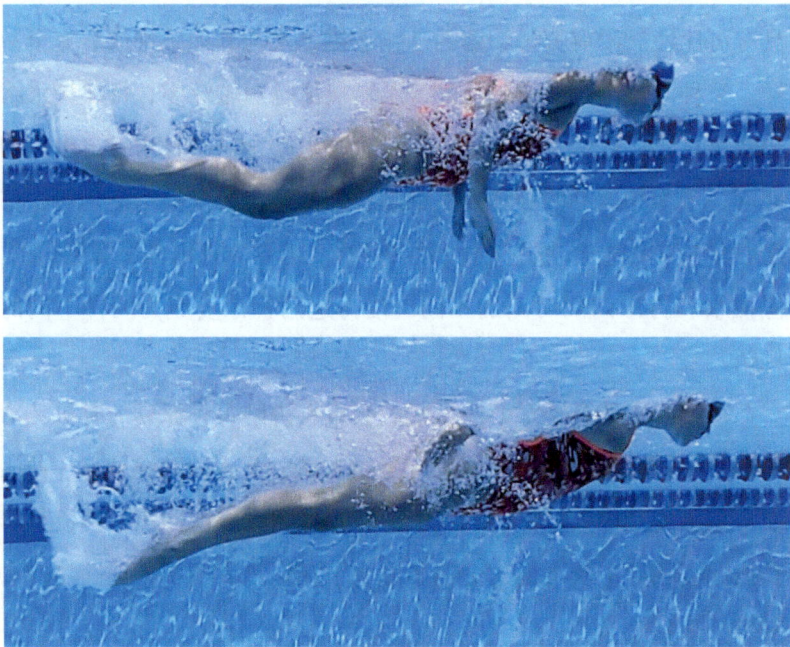

图 3.11 伊丽莎白在划水完成阶段适时地打水推进，达到她在整个划水周期中所获得最快向前速度。

在图 3.12 中你可以看到，亚伦在仰泳的完成阶段，在手臂划水的最后一击当中，在适当的时机加入了一个强有力的向上打水动作，从而获得了一个充满力量的冲击，奋力一击加速了他的前进。

图 3.12　亚伦在仰泳的划水中，在一个强劲的拉水完成阶段衔接了一个有力的打水动作。

那么，有史以来游得最快的人呢？弗拉基米尔·莫罗佐夫在冲刺模式中是否以奋力一击的动作来适时地衔接拉水和打水动作呢？一点没错。下一页的图 3.13 就显示了弗拉基米尔的奋力一击。

图 3.13 弗拉基米尔——有史以来游得最快的人，他将手臂划水的完成阶段与向下打水的推进奋力一击衔接起来。

第 4 章
划水数据

　　现在你一定迫不及待地想去试一下曲线泳姿的划水动作，或者你期待着把我们在上一章里讲到的奋力一击动作运用到你最擅长的泳姿中，将拉水、打水和躯干动作结合起来。在这里，你将接触到奥运级的技术，也就是说，你不仅能够游得更快，而且能够游得更加有效率。

　　高效游泳使得你在游动中能够掌握不同的配速。你能够采用低速、中速、快速、冲刺以及其他中间状态配速（比如低速与中速之间、中速与快速之间）游泳。你能够完全控制划水的用力程度（所选择的配速），并且将这些力量直接转化为前进的速度，你能够在比赛或训练中选择不同的配速。

　　在游泳中选择不同配速的关键在于，无论选择何种配速，都要保持正确的泳姿动作。1992 年奥运会 100 米蛙泳金牌获得者尼尔森·戴贝尔对此有着精辟的解释："若想游得快，就必须抱住等量的水。"

当你想快速游泳时，抱住等量的水，这意味着什么？它意味着你必须保持游泳的曲线路径，持续关注各分解动作之间的衔接，并且利用这些衔接来构建力量与速度，而不是盲目地挥臂和打水。

有一个有效的工具可以让你了解到在逐步提速时是否采用了正确的用力方式和抱水方式，这就是划水数据。划水数据是这样一组数据，用于揭示完赛时间背后的细节，而完赛时间往往被视为衡量游泳成功与否的标准。游泳的完赛时间就好比棒球比赛的最终比分，而划水数据就是这个比分背后的统计结果。

在这一章中，我们将研究如何收集和使用划水数据。在本章末尾，我们将会用游泳巨星、NBC 奥运会解说员罗迪·盖恩斯现在作为世界纪录保持者和他 33 年前打破 50 米、100 米和 200 米自由泳世界纪录的划水技术的数据进行对比。通过罗迪的例子，以及每一泳姿对应的那一章中末尾的划水数据，我们将会明白为什么所有游泳者必须理解划水数据这个有用的工具，并加以利用。

数字和熟练程度

图 4.1 展示的精英选手不仅仅是杰出的技术员，更进一步，他们还是熟练的能手，也就是说，他们能够将不同配速与力量运用有效地结合起来。划水熟练度可以通过划水数据来量化。数十年来，研究人员和游泳教练搜集了大量的划水数据来研究精英选手的表现。任何游泳者都可以收集自己的划水数据，以精英选手的数据作为参考模板和目标，在成为熟练的能手的道路上不断前进。

想要掌握高效划水技术需要理解以下两方面数据及其之间的关系。

- 划水次数：游过一定距离所需的划水循环次数。

- 划水周期：完成一次划水动作所需的时间。

当你在水面前进时，划水次数和划水周期反映了你游完一定距离所需时间背后的细节。如图4.2所示，在25米泳池中，游泳者蹬离池壁后，在水下以流线型姿势打水前进5米，然后浮出水面开始划水（出水时刻是指游泳者在水下流线型之后刚浮出水面的瞬间）。因此，游泳者在水面游泳的距离是20米。划水次数和划水周期就是在这20米中采集所得。

图4.1 弗拉基米·莫罗佐夫在浮出水面之前的水下流线型。

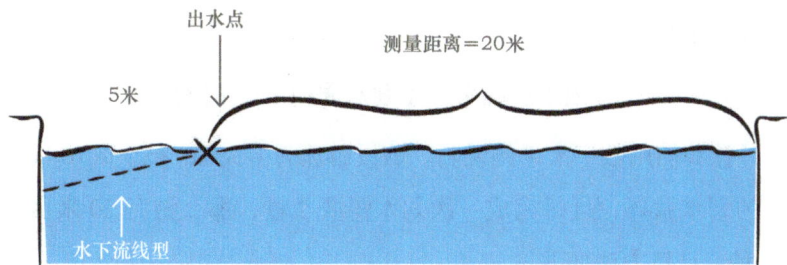

图4.2 25米泳池。

计算划水次数，最简单的算法就是每次手臂入水时算作一次。对于蛙泳和蝶泳这两种泳姿，由于双手是同步运动的，这种计数方法显而易见。对于自由泳和仰泳，有两种方法可供你选择：其一是对每个手臂入水就计作一次；其二是按照一个完整的划水周期计数，即只计身体单侧的手臂，比如仅仅计右臂或者左臂入水。无论采用哪一种方法都可以，但在与其他人的数据进行比较的时候，要采用相同的计数方法。

在本书中，划水次数按照一个完整的划水周期来计数。如果你倾向于在自由泳和仰泳中按照每个手臂入水的方法来计数，那也未尝不可。只需将你的数字除以2，就可转化为完整周期方法的计数结果了。

此外，在与其他人划水数据进行对较时，还要注意泳池的长度。游泳比赛／训练是在22.86米（25码）、25米或50米泳池中进行的。不同长度的泳池所采集到的划水次数显然是不同的。

一旦数据收集完毕，就可以代入简单的数学公式，来揭示游泳者完成这20米所用时间的细节。游泳者游完一定距离所划水的次数（划水次数）乘以他们划水的速率（划水周期），就是游完该段距离的用时。

（划水次数）×（划水周期）＝时间

让我们用数字来举例说明。假设游泳者游完20米需要10次完整的划水循环，且每完成一次划水需要2秒，那么游完20米需要20秒，计算方法如下。

（10次划水）×（2秒／次）＝20秒

上面的公式显示，一旦游泳者在水面开始划水，要想游得更快，只有两种方法：用更少的划水次数来游完 20 米距离，或者是采用更快的划水速度，缩短划水周期。听起来是不是很简单？从理论上来讲，减少这两个数字中的任何一个数字，都会缩短游泳时间，但是在实际中却要复杂得多。这是因为，我们方程式中的两个因素并非完全相互独立。通常，游泳者努力降低一个因素，会对另一个因素起到副作用，我们来举例说明。

以一位精英选手在 25 米泳池中的表现为例，假设他游完 20 米需要 8 次划水（我们仍然假设他在水下潜泳了 5 米的距离），每次划水用时 1.5 秒，那么计算公式如下。

$$（8 次）\times（1.5 秒 / 次）= 12 秒$$

与我们第一个例子中的游泳者对比可以看出，精英选手的成绩快了 8 秒，源自于他略微快速的划水速度和减少 2 次的划水次数。精英选手的划水次数和划水周期对于有抱负的游泳者来说，并非遥不可及，这些数字是令人激动的追逐目标。因此，通过让手掌 / 手臂在抓水之前向前方滑行的方式，那些希望提高成绩的游泳者能够把划水次数从 10 次降到 8 次。将划水次数降到 8 次，令人感到振奋，但是采用这种手掌／手臂被动滑行的做法，却使得每次划水周期从2秒增至2.5秒。这位富有进取心的游泳者的方程式现在看起来是下面这样的。

$$（8次）\times（2.5秒/次）= 20秒$$

可见，游泳者改进了划水次数，却影响到他的划水周期，整体而言对成绩没有改善。

对于方程式的另一边而言，如果游泳者单纯加快划水速度（缩短划水周期），却不去考虑其对划水次数的影响，那么他们将陷入另一个僵局。那些试图通过加快手臂的划动来达到提速目的的游泳者，常常采用手掌／手臂在水中滑动的方式来寻找一条阻力较小的路径，或者他们为缩短拉水路径而没有在头顶位置抓水或是忽视方向的变化。但是，除非维持正确的身体力学，否则即使游泳者快速地挥臂，他们慌乱的动作也无法转化成驱动身体向前的结果，现在的方程式可能是这样。

$$（12次）\times（1.7秒/次）= 20.4秒$$

划水周期已经接近精英选手的水平，但是划水次数却增加了，因此结果再次证明这对提高游泳成绩毫无帮助。

高效游泳

要想做到高效率游泳，就需要同时关注方程式中的两个因素。还记得尼尔森·戴贝尔的话吗？"要想游得快，就必须抱住等量的水。"

"游得快"指的是方程式中的划水周期。精英选手想要游得快，就会迅速发动他们的肌肉。但在同时，他们有效地保持正确的身体力学，从而保证方程式中的划水次数。他们总是在头顶位置抓水，而且总是在划水的斜向阶段和完成阶段引导方向的改变。如果仓促抓水，或忽略了方向的改变，那么就会缩短前进的路径，使游泳者的抱水量减少，从而降低游泳效率。

在努力改善方程式中的划水次数和划水周期时，你需要不断提醒自己，保持正确的身体力学姿势，尤其要特别关注在头顶位置的抓水，要牢记图 4.3 所示的伊丽莎白·贝赛尔在蝶泳中头顶抓水的动作画面。这是一张她在奥运会个人 400 米混合泳比赛中的照片。她确保在头顶位置抓水，这样的动作帮助她达到了精英选手水平的

划水次数和划水周期。在以比赛速度游泳时，抓水是划水阶段最难掌握的技术。这个技术的训练不可操之过急，可以先采用慢一些的配速进行训练，再循序渐进地提高速度。

无论选择哪一种配速，精英选手都可以通过保持拉水、打水和躯干动作之间的衔接来高效地游泳。例如，无论是速度快慢，精英选手在仰泳中大都采用一个划水周期 6 次打水，每次的打水

图 4.3　*伊丽莎白·贝赛尔即使在比赛中，也是通过有力的头顶抓水来实现较少的划水次数。*

都是在划水循环中的相同时刻。他们在快速游泳时，手臂挥动更快，腿部打水更快，躯干顺势沿轴线更快地向前推进。所有的部位都在加速，而不仅仅是手臂。

图 4.4 中显示了亚伦·佩尔索在仰泳中保持动作的衔接。无论

图 4.4　亚伦·佩尔索总是将拉水与打水和躯干动作衔接在一起，无论他的配速快慢。

配速快慢，亚伦在划水的抓水阶段总是保持躯干在轴线上的这个位置，此时的右腿也总是作为驱动腿（向上打水）。你如果想要游得更快，就要时刻提醒自己，要保持动作的衔接。

在每一个泳姿对应的那一章中末尾，你可以找到高水平男女选手的划水次数和划水周期数据表格。研究这些数据，并且收集你自己的游泳数据加以比较，找出提升自己划水效率的环节。

水下以流线型姿势潜泳打水

到目前为止，我们仅仅讨论了水面划水的内容，下面让我们来看看比赛中的水下部分，也就是游泳者以流线型姿势潜泳打水的部分。如图 4.5 所示，在所有游泳姿势中，蛙泳除外，精英选手先是在水下做海豚式打水，然后再浮出水面。蛙泳选手所采用的动作被称为蛙泳拉起，我们将在蛙泳的那一章中介绍。

那些能够有力打水的运动员发现了水下打水动作的好处。他们发现，两次海豚式打水所游过的距离等同于一次水面划水循环游过

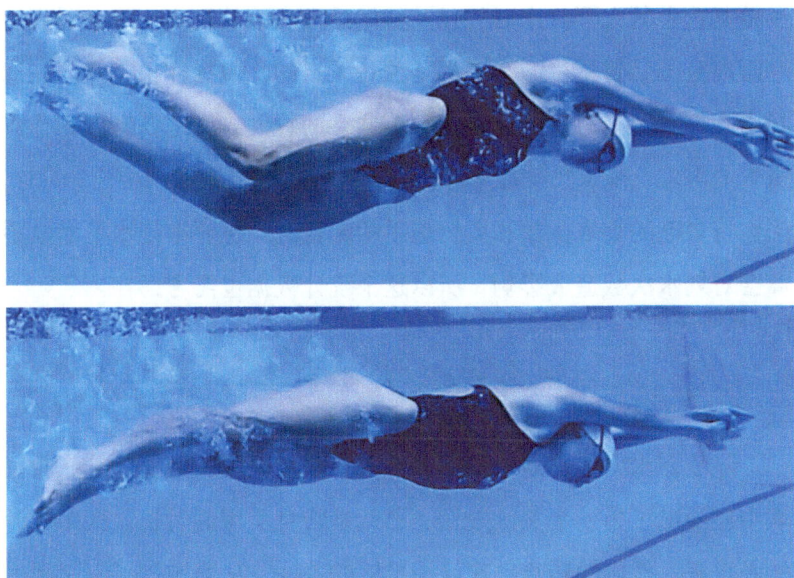

图 4.5　美国国家队队员梅兰妮·玛格丽斯在浮出水面之前在水下以流线型姿势进行海豚式打水。

的距离，而两次打水的用时要比一次划水循环快。因此，水下打水是一个更好的选择。

正如我在第 2 章中所说，游泳者为利用这个新发现，尽可能地屏住呼吸，所以出于对安全因素的考虑，比赛规则被修改为，运动员在水下打水潜泳的距离最长只能为 15 米。但这并不是说，由于游泳者被限定只能在水下打水 15 米，以及在某些情况下水下打水用时更短，所有精英选手都会尽可能地潜泳到 15 米。并非所有游泳者的水下打水快于水面划水，而且有些运动员觉得，即便水下打水要快一些,但因此获得的提速与氧气消耗相比并不具有很大优势。但也确实有运动员经过训练能够在水下潜泳 15 米，并因此提高了游速，而且此间的氧气消耗并未影响比赛成绩。

在每一个泳姿所对应的那一章末尾都给出一些数据表格，列出了精英选手的水下打水时长以及他们浮出水面的距离，你会看到一个距离范围。每一位游泳者都是独一无二的，包括你也一样。在选择水下打水距离时，可以参考精英选手的数据，但也要考虑到你对氧气的需求，基于怎样对你自己最有效这一前提来做出决定。同时，当你将自己的划水次数和奥运选手相比较时，也要牢记水下潜泳距离会对划水次数造成影响，所以这个统计数据也需考虑在内。

转身

　　除了划水次数、划水周期、水下打水的时长 / 距离之外，数据表中还给出了另一个关键数据，那就是转身所用的时长。太多的游泳者没有对他们的转身动作给予足够的关注，从而增加了不必要的时间。而精英选手则利用转身来超越对手。下面我们来看看他们如何转身，以及如何在比赛中采集这一部分的数据。

　　图 4.6 展示了梅兰妮·玛格丽斯在蝶泳中的转身动作。从梅兰妮用手触到池壁的那一刻（第 1 帧）开始，到她的足部踏到池壁并蹬离的那一刻（第 5 帧）为止，这个方向变换过程所用的时长非常关键。掌握快速转身动作需要运动员蜷曲双腿和双脚，正如我们在第 2、3、4 帧中所看到的梅兰妮的动作。梅兰妮双脚紧紧并拢，以直线路径蹬离池壁，这样一来，她能够尽可能地减少双腿上的拖拽力。精英选手甚至在将双腿伸向池壁的同时将双脚交叠，就像梅兰妮在第 3 帧中的动作。（当然，双脚在踏到池壁时又会分开，这是为了能够有力地蹬离池壁，如第 5 帧所示。）

　　图 4.7 显示了梅兰妮在自由泳中的转身动作。这个方向转变过程的计时是从她在转身前最后一个划水动作中手掌入水的那一刻（第 1 帧）开始，到她双脚踏到池壁的那一刻（第 5 帧）为止。如

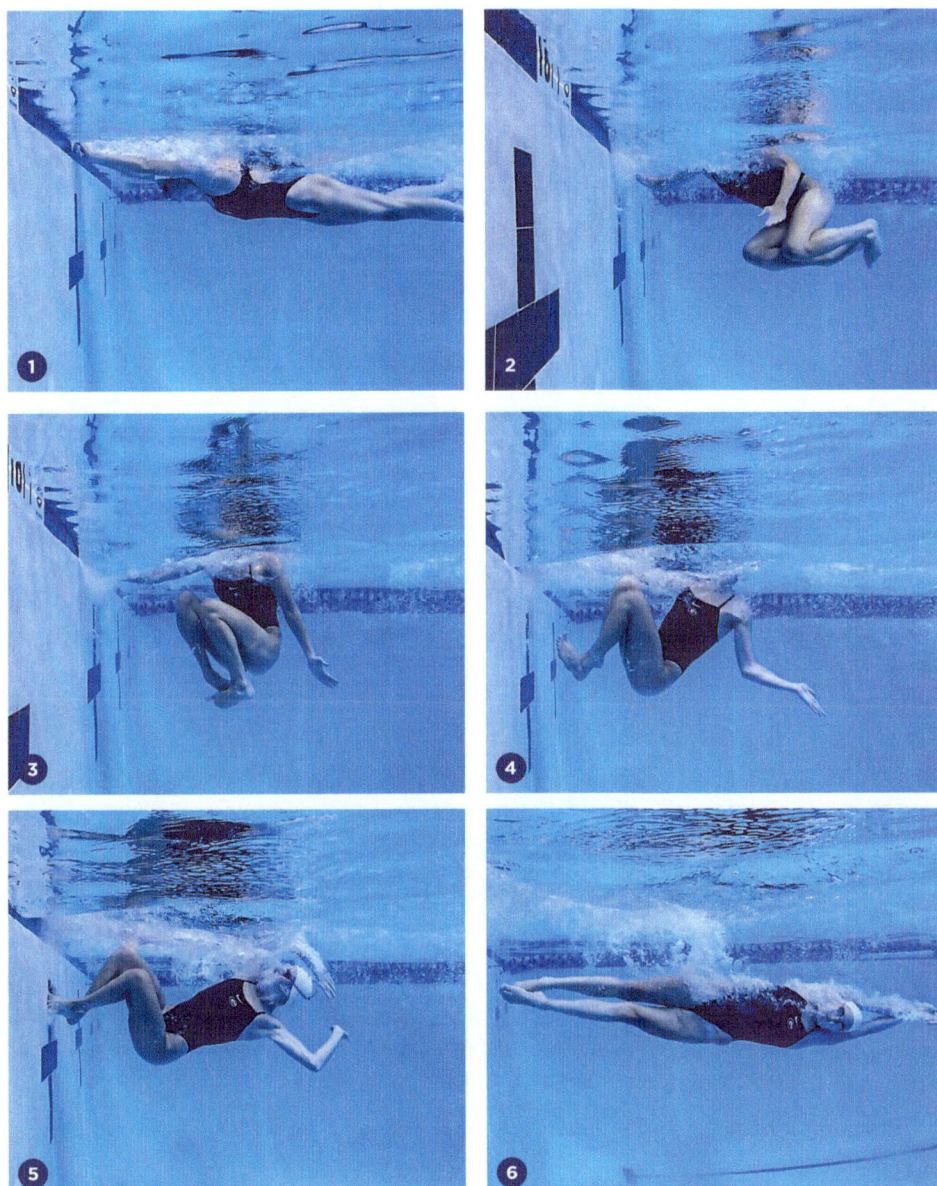

图 4.6 梅兰妮紧紧蜷曲身体来完成快速的蝶泳转身动作。

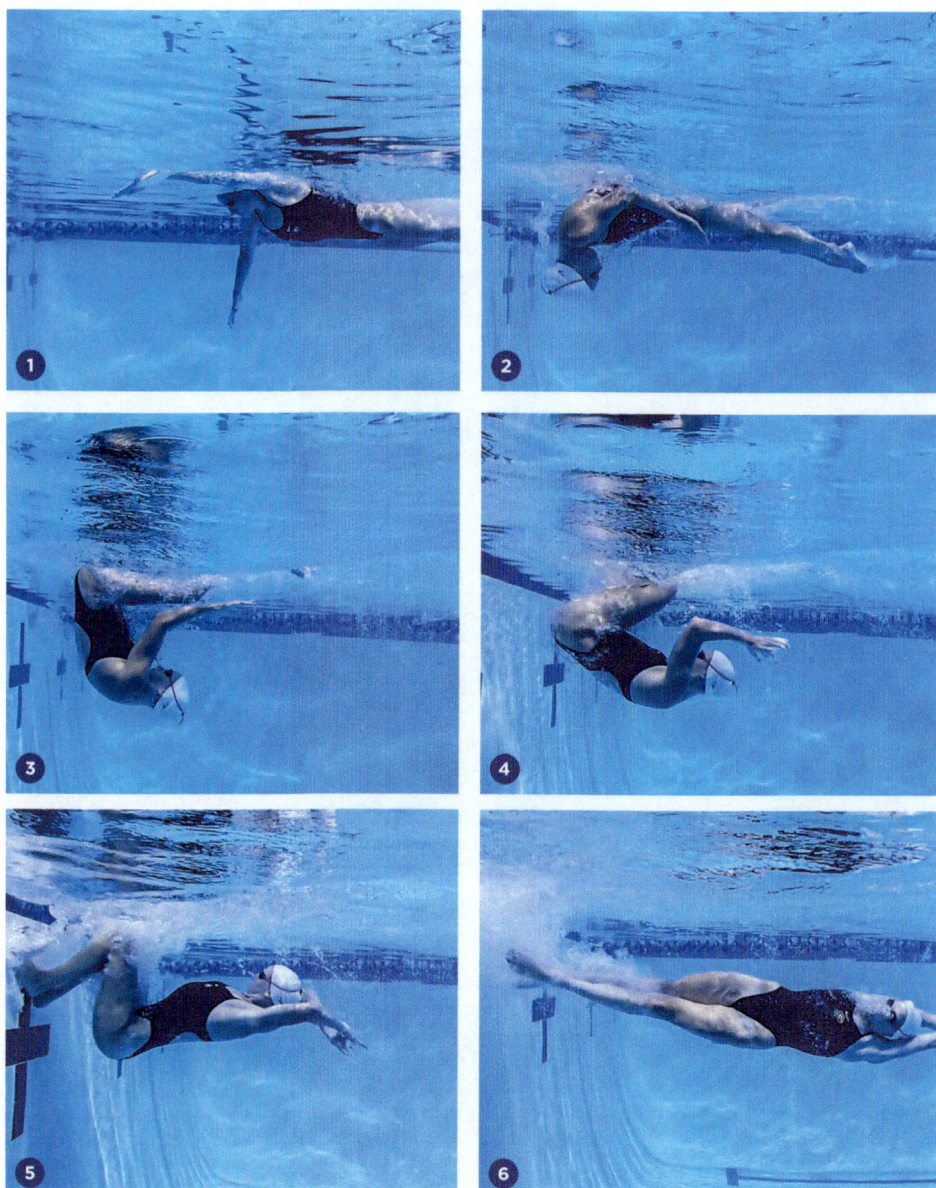

图 4.7 梅兰妮完成自由泳的快速转身动作。

同她的蝶泳转身，梅兰妮双腿依然紧紧并拢（第 3 ~ 5 帧）。同时，我们在第 3 ~ 5 帧里也注意到，她用手掌压水，以此来加速其转身，并使得双腿快速地靠近池壁。

泳姿章节末尾的数据表也给出了在各种泳姿中从手触壁到脚蹬壁这个过程的时间。自由泳和仰泳的转身并不用手触壁，因此，这个"手至脚"的计式方法按照从转身之前的划水动作手掌入水时刻起算，直至脚蹬壁为止。

让我们对每一泳姿章节末尾的数据表做个总结：表格中包括了划水次数、划水周期、水下打水的时长/距离以及转身所用的时长。通过研究这些数据，你将会从一个独特的角度来理解游泳，也获得了研究游泳技术之外的另一个有力工具。不过你要小心，这些数字将让你痴迷。

罗迪·盖恩斯的自由泳数据

我非常感谢康希尔曼教练为 20 世纪 60、70、80 年代那些杰出的奥运游泳选手们所拍摄的照片。1981 年我 12 岁时参加了他在印第安纳大学举办的培训班，其中一本讲义是黑白小册子，里面满是马克·施皮茨、特蕾丝·考尔金斯、玛丽·米格尔、吉姆·蒙哥马利和罗迪·盖恩斯等奥运冠军和当时世界纪录保持者的游泳照片。罗迪是 50 米（22.96 秒，长池，1980 年）、100 米（49.36 秒，长池，1981 年）、200 米（1 分 48.93 秒，长池，1982 年）自由泳的世界纪录保持者。

我花费了很长时间来研究这本小册子中的游泳技术动作，甚至在我 27 岁时依然如此，那时我终于首次入选了 1996 年的奥运代表队。小册子中关于罗迪的那一部分于我意义非凡。我曾无数次地研究康希尔曼博士在 33 年前拍摄的罗迪游泳照片，这些照片和罗迪现在的游泳照片一同出现在本书中，而他目前是 50 ~ 54 岁年龄组的世界游泳纪录保持者。

除了罗迪的游泳照片，这里还提供了他在 1980 年和 2011 年的 200 米自由泳详细数据表，包括划水次数、划水周期、潜泳时长和转身时长等。

结合这些表格和照片，我们给出了本书中的几个概念。我们了解到水下流线型路径的长度如何影响我们的游泳方程式（划水次数 × 划水周期），以及这对配速变化的意义。最重要的是，通过罗迪的数据，我们可以获得精英选手的动作细节。这些数据是可定义和可测量的，所有游泳者都能以此为目标。

在这里要致谢国际游泳名人堂，让我能够找到 1980 年奥运会美国游泳选拔赛的视频。罗迪以 1 分 50.02 秒的成绩赢得了 200 米自由泳比赛。以下就是他在那场比赛中的划水数据。

罗迪的划水数据，1980 年奥运会美国游泳选拔赛

200米自由泳，50米泳道
成绩：1分50.02秒（奥运会美国游泳选拔赛冠军）

距离（米）	划水次数（次）*	划水周期（秒/次）	分段计时
第一个50	18	1.25	26.0秒
第二个50	20	1.25	53.7（27.7）秒
第三个50	20.5	1.25	无数据
第四个50	22.5	1.15	1分50.02秒

* 划水次数按一个完整周期来计。

出发和转身数据
出发后潜泳的时长和距离：2.6秒，7米。
转身后潜泳的时长和距离：1.7秒，4~5米。
从手触壁到脚蹬壁的时长：1.0~1.2秒。

2011 年，52 岁的罗迪参加了在日本举办的游泳大师赛 200 米自由泳项。他的成绩是 2 分 3.51 秒。下面是他在那场比赛中的数据。

罗迪的划水数据，2011 年

2011年日本游泳大师赛，50~54岁年龄组
200米自由泳，50米泳道
成绩：2分3.51秒（第一名）

距离（米）	划水次数（次）*	划水周期（秒/次）	分段计时
第一个50	18.5	1.35~40	27.05秒
第二个50	20	1.40	58.44（31.39）秒
第三个50	20.5	1.40~1.43	无数据
第四个50	21	1.45	2分3.51秒

* 划水次数按一个完整周期来计。

出发和转身数据
出发后潜泳的时长和距离：2.6秒，7米。
转身后潜泳的时长和距离：1.7秒，4~5米。
从手触壁到脚蹬壁的时长：1.0~1.2秒。

两次游泳比赛的数据对比

让我们拿数据来说话。首先，可以注意到罗迪在两次比赛中的划水次数几乎一样。总体上讲，在 200 米游泳中，他 52 岁时仅比 21 岁时少划水 1 次（2011 年 80 次，1980 年 81 次）。如果我们比较罗迪 1981 年和 2011 年的划水技术（如图 4.8 和图 4.9 所示），可以看到他在两次比赛中的划水路径并没有任何改变。他"抱住等量的水"。罗迪他在头顶部位抓水，在划水动作的斜向阶段和完成阶段遵循着同样的方向改变，这些都与他 33 年前的动作是一样的。正因为他曲线划水的路径相同，使得他每次划水的距离也一样，因此，他的划水次数也是一样的。

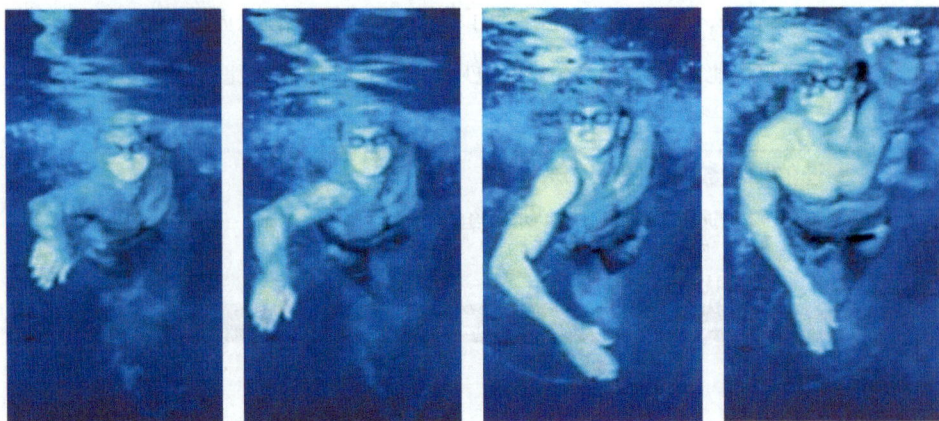

图 4.8 罗迪·盖恩斯在 1981 年的自由泳划水动作。

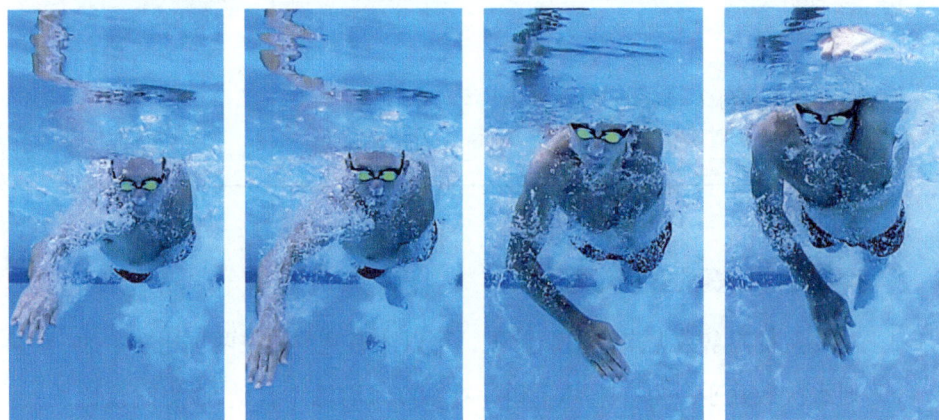

图 4.9 罗迪·盖恩斯在 2011 年的自由泳划水动作。

那么，是什么因素导致了他游泳成绩从 1980 年的 1 分 50.02 秒降到 2011 年的 2 分 3.51 秒？在这两次比赛中，罗迪出发后和转身后的潜泳时间与距离都是一样的。通过数据对比，我们发现是由于划水周期造成了这 13 秒的差别。乍看之下，他 1980 年 1.25 秒的划水周期和 2011 年 1.35 ~ 1.40 秒的划水周期相差不大，仅仅是 1/10 秒的差别。但是，让我们看看这个差别在 50 米甚至是 200 米泳道上累加之后的情况。

让我们用第二个 50 米的数据为例，由于罗迪在 1980 年和 2011 年的划水次数完全一样。如果我们将他的数据代入我们的游泳方程式（划水次数）×（划水周期），我们会得到：

他在 1980 年的第二个 50 米：

$$（20 次）×（1.25 秒 / 次）= 25 秒^*$$

他在 2011 年的第二个 50 米，罗迪划水 20 次，划水周期为 1.40 秒 / 次：

$$（20 次）×（1.40 秒 / 次）= 28 秒$$

我们可以看到，在这第二个 50 米的距离内，如此细微的划水动作迟滞累加起来，就造成了在两次比赛中这段 50 米距离内的 3 秒差异。简单的数学计算告诉我们，每 50 米的 3 秒差距累积在 200 米将会是 12 秒。（罗迪在最后两个 50 米的划水稍许变慢，这使得他的成绩又额外慢了 1.5 秒。）

从上文的分析，我并不是说罗迪应该努力训练回他年轻时 1.25 秒 / 次的划水周期。在抱有等量水的情况下，训练的确能够影响运动员游出更快速度的能力。罗迪当前的训练量相比于 1980 年明显减少了，而且年龄因素也在一定程度上影响他在快速情况下的肌肉爆发力。但是，通过增加一些游泳爆发力的训练，游泳高手们能够游出相当快的速度。

---

* 需要说明的是，25 秒并不是罗迪在第二个 50 米距离内所用的全部时间。我们需要加上第一个转身后的潜泳时间（1.7 秒），以及在 100 米处的转身时间（约 1.0 秒）。这两段时间之和为 2.7 秒，加在 25 秒上，得到了第二个 50 米的总时长 27.7 秒。

此外，必须指出的是，1.25 秒 / 次的划水周期并非适用于所有运动员。大多数优秀的中距离自由泳男运动员在 200 米比赛中的划水周期通常介于 1.35 ~ 1.60 秒 / 次。这些 1.35 ~ 1.60 秒 / 次的运动员通常拥有更长的拉水推进路径，因而需要的划水次数较少。比如，和罗迪同时代的一位德国著名中距离游泳男运动员迈克尔·格罗斯，他身高 2.01 米，因其超长的近 2.13 米的臂展，人送绰号"信天翁"。在 1984 年奥运会 4×200 米自由泳接力赛中，他在第二个 50 米赛程内划水 16 次，划水周期为 1.6 秒 / 次。他的方程式可以表示如下。

$$（16 次）\times（1.6 秒 / 次）= 25.6 秒$$

划水距离和划水周期因人而异，但仍有一定的范围。在本书中你将会看到，不同划水次数与划水周期的组合能够实现高效的结果。但是你也会注意到，当一项因素游离到这个范围边缘时，就需要公式中的另一项因素来加以平衡。

让我们来研究和探寻这些数据。理解了这些数据，对我的训练和比赛有很大的帮助，我认为对于你亦是如此。

谢谢你，罗迪！让我们为下次在 2034 年的拍摄做准备吧！

追赶罗迪

假如你是在22.86米（25码）泳池中进行训练，希望与罗迪的数据进行比较，在这里我给出了2010年罗迪51岁时在美国游泳大师锦标赛中的91.44米（100码）自由泳数据。

罗迪的短池数据

2010年美国游泳大师锦标赛，50~54岁年龄组
91.44米（100码）自由泳，22.86米（25码）泳道
成绩：46.90秒（第一名）

距离（米）	划水次数（次）*	划水周期（秒/次）	分段计时
第一个22.86	6	1.20	无数据
第二个22.86	8	1.25	22.34秒
第三个22.86	7.5	1.25	无数据
第四个22.86	8.5	1.25	46.90（24.56）秒

* 划水次数按一个完整周期来计。

出发和转身数据
出发后潜泳的时长和距离：2.9秒，7.3~8.2米。
转身后潜泳的时长和距离：1.8~2.0秒，约4.6米。
从手触壁到脚蹬壁的时长：1.0~1.2秒。

泳

蝶

第 5 章
蝶　泳

　　自由泳在 1896 年成为奥运会游泳项目，仰泳 1900 年进入奥运会，蛙泳则是 1904 年，但是对于蝶泳来说，却是在半个多世纪之后的 1956 年才首次在奥运会上登场。蝶泳并不是游泳主办方简单寻求增加的一种泳姿形式，而是为了保持蛙泳的纯粹性而创立的。在 20 世纪 50 年代之前，游泳规则对蛙泳的手臂动作要求"双手必须同时向前向后移动"（1937 年国际泳联手册），但没有规定手掌应该在水下还是在水上恢复，因此 20 世纪 30 年代的游泳者对传统蛙泳技术进行了改进，即手臂在水下恢复，然后将手臂举出水面，在某种程度上类似于我们今天熟知的蝶泳恢复方式。结果就出现了一种完全合法化的蛙泳变种形式，被称为"蝶—蛙泳"，结合了蝶泳的手臂划水方式和蛙泳的蹬腿方式。

在 1936 年奥运会男子 200 米蛙泳决赛上，一些游泳选手采用传统蛙泳技术，而另外一些人则在蝶—蛙泳技术和传统蛙泳技术之间来回切换。直到 1952 年，几乎所有的选手都偏爱蝶—蛙泳方式。1952 年赫尔辛基的男子和女子蛙泳比赛金牌都落入蝶—蛙泳选手之手。这使得许多的纯粹游泳主义者感到困扰，因此，为保持蛙泳技术的原样，国际泳联在 1953 年创建了一种新的泳姿，称之为"蝶泳"。

国际泳联 1953 ~ 1956 年手册中阐明，蛙泳选手的双手必须"在水上或水下从胸部开始同时向前伸出"，而蝶泳选手的双臂则必须"同时向前举出水面"。在手册中也确定了蝶泳打水的规则。蝶泳项目在 1956 年澳大利亚墨尔本奥运会上首次亮相，增加了男子200 米蝶泳项目（美国选手威廉·跃奇克以 2 分 19.3 秒获得金牌）和女子 100 米蝶泳项目（美国选手雪莱·曼以 1 分 11.0 秒获得金牌）。4 年后的奥运会又增加了 4×100 混合泳接力项目。

在本章中，我们能够幸运地看到精英蝶泳选手的拉水、打水和躯干动作，包括伊丽莎白·贝赛尔、艾丽安娜·库克斯和道格·雷诺兹这些较为年轻的出色的奥运选手。

拉水方式

首先让我们来回顾一下蝶泳技术，观察曲线拉水方式的始末。图 5.1 显示了伊丽莎白从第 1 帧的手掌入水到第 8 帧的划水完成阶段的全过程。

在第 1 帧里，伊丽莎白入水，将手臂直接在头顶伸展至肩膀前方。在这一段手臂划水周期的无推进阶段里有一点很重要，那就是在入水和伸展时要与肩膀保持在一条直线上，将迎面的水阻最小化。在第 2 ~ 4 帧中，当伊丽莎白将手臂宽于肩膀地向外划扫以获得强

图 5.1 伊丽莎白·贝赛尔在蝶泳拉水过程中划行的曲线路径。

有力的抓水时，这时她的手臂推进成了动作的焦点。她通过让手掌／前臂保持向后迎水的姿势，让升力和阻力相结合，并在划水的斜向阶段（第5、6帧）和完成阶段（第7、8帧）始终锁定了这样的结合方式。

　　手掌／前臂向后迎水的姿势始终贯穿于拉水循环当中，这一点对于直接向前推进来说至关重要。这个动作始于抓水，图5.2显示了道格在抓水时如何将手掌／前臂置于向后迎水的位置。

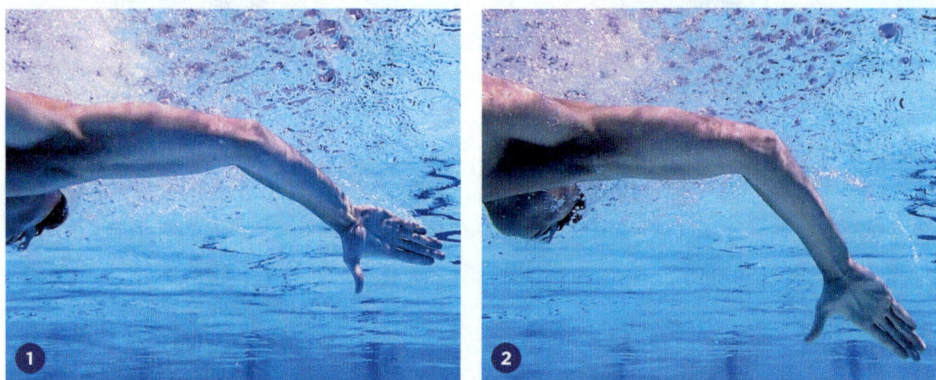

图5.2　道格·雷诺兹在第2帧抓水时，将手掌／前臂置于向后迎水的位置。

　　游泳者即使在改变方向时，也必须确保手掌／前臂向后迎水。图5.3显示了艾丽安娜在划水的斜向阶段如何控制身体下方的肢体动作，使得手掌／手臂向后迎水。还需注意艾丽安娜手掌／手臂的紧绷和手指的间距，以及她的直腕动作——手掌与前臂保持在一条直线上，以形成一个巨大的划桨。这张照片捕捉到了专业水平划水动作的本质。艾丽安娜控制着她自己的四肢去感受水阻，使得这些力量可以用于推动自己前进。在蝶泳中，双臂同时抱水，这样的拉水动作提供了一个强有力的推进力。

图5.3 艾丽安娜在划水的斜向阶段,将手掌 / 前臂形成巨大的划桨,向后压水。

划水时机和躯干动作

游泳规则并不要求每次划臂的同时进行一定数量的海豚式打水,但精英选手在每个划水周期内打水两次,以获得最快的前进速度。他们在划水周期中的关键时刻打水,当双手入水和伸展,以及当双手完成划水和离开水面时,双腿必须在打水动作之间向上恢复。让我们来观察这些动作的时机,以及配合的躯干动作。

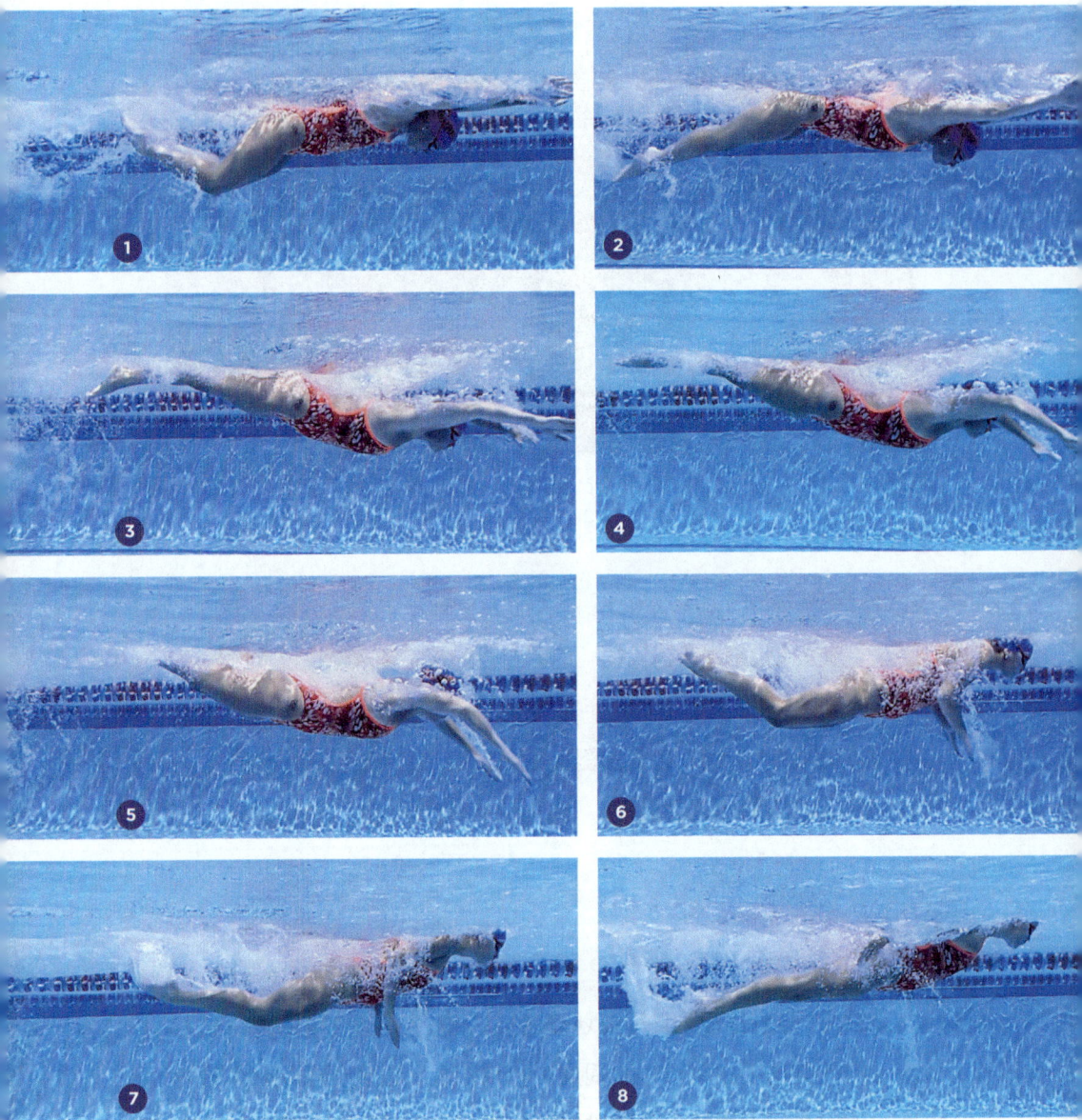

图 5.4　伊丽莎白的打水动作，当她双手入水和伸展（第 1、2 帧），以及当她双手完成划水和离开水面时（第 7、8 帧）。

图 5.4 显示了伊丽莎白从入水到完成的一组蝶泳动作。在第 1帧中，在她手掌／手臂入水的同时，她开始第一次打水。当她手臂伸展到头部以上时（第 2 帧），她的打水动作完成。这个时刻的打水至关重要，它帮助伊丽莎白保持前进的速度，因为在划水周期的这个阶段，她的手臂是没有推进力的。还需要注意的是，在第一次打水时，伊丽莎白将头部和胸部向下向前压，使得身体姿势略微起伏，髋部的位置最高（第 2 帧）。通过这种方式沿着轴线移动躯干，使得水流顺畅地流过身体和大腿，将水阻减到最小，因而掉速也将最小。

如第 3 ~ 5 帧中所示，在完成第一次打水之后，伊丽莎白将腿部恢复为直腿姿势，转而去关注抓水的细节。为保持身体沿轴线向前移动，伊丽莎白在抓水阶段伸直身体，略微抬头。

伊丽莎白继续处在划水的斜向阶段，她屈腿为第二次打水做准备（第 6 帧）。在这些时刻（特别是屈膝的时刻）伊丽莎白掌握好适当的打水时机，就能够在完美的位置实现奋力一击，将手臂划水的完成阶段与第二次打水推进相结合（第 7、8 帧）。

在奋力一击时，前进的速度突增，再配合如第 8 帧所示的紧绷而伸直的躯干动作，使得伊丽莎白在手臂进入无推进力的水上恢复阶段时，不会大幅掉速（正如双腿的恢复是在为下一划水周期中的第一次打水做准备）。

在蝶泳中，为帮助手臂的水上恢复，在奋力一击之后快速将双腿向上拍（先是直腿恢复，然后在手臂入水之前屈膝）。在奋力一击的向下打水之后，不要让双腿在水中的位置过低。腿部的快速恢复将帮助你驱动髋部向前，并有助于手臂向前恢复。

头部动作

在游泳的划水循环中，头部的动作轻微但却十分重要。图5.4显示了伊丽莎白在拉水阶段前进时的头部位置。在第1、2帧中，当她手臂入水和向前伸展时，伊丽莎白让头部略低于水面，目光朝向下方。在划水周期的这些时刻，她的躯干随着略低于水面的头部，沿短轴向下向前。在第3～5帧中，她抓水时微微抬头，目光也略向上，这就启动了躯干沿短轴向上向前。在蝶泳的整个划水过程中，头部引导躯干做起伏动作——在入水和伸展时向下、向前，在抓水、斜向和完成阶段则向上、向前。如果头部朝向前方，身体也会朝向前方。但不要将头部下潜过深或者抬得过高，而应该按照伊丽莎白示范的那样起伏向前。

图5.5展示的是头部运动的前视图。在入水和伸展时，伊丽莎白的目光向下，胸部向下向前压（第1帧）。而在抓水时，她微微抬起头，目光略向上，引导着躯干向前运动（第2帧）。

图5.5 在入水和伸展时，伊丽莎白的目光向下（第1帧），在抓水时，她微微抬起头，引导着躯干向前运动（第2帧）。

图 5.6 显示了艾丽安娜在第 1 帧中完成划水的奋力一击之后，当她手臂水上恢复的时候，保持身体在近水面位置呈一条直线。即便是在她开始屈膝（第 2 帧）为下一划水周期的第一次打水做准备时，注意观察她仍保持髋部靠近水面，而不是沉髋。这需要很强的下肢核心力量，因为水上手臂的重量会自然地带动髋部下沉。在蝶泳划水的所有阶段，保持髋部靠近水面，特别是在最具挑战性的完成阶段和恢复阶段。

让我们从水上的角度来观察艾丽安娜的完成阶段和恢复阶段。

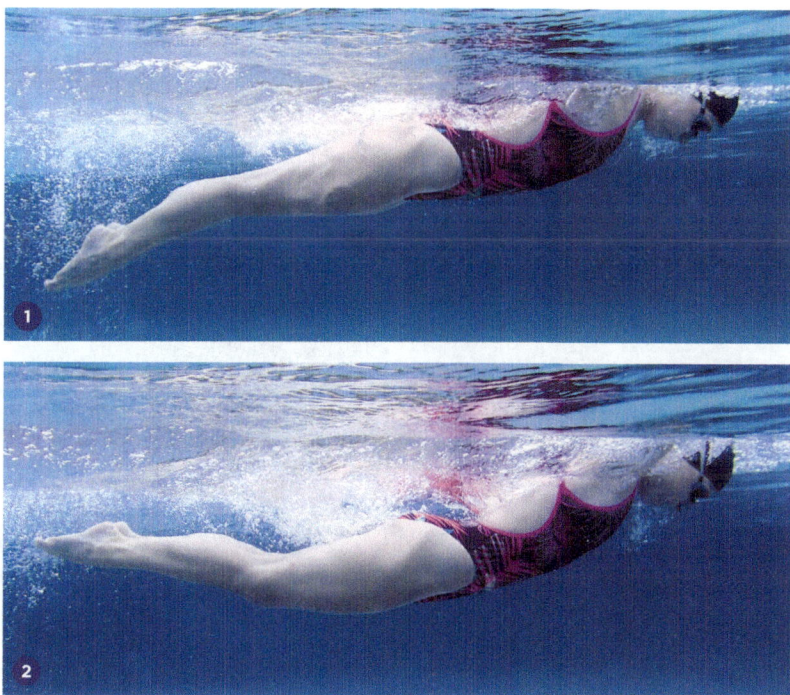

图 5.6　在划水完成阶段和手臂水上恢复阶段，艾丽安娜利用核心力量来保持髋部位于近水面处。

图 5.7 显示了她的直臂水上恢复。精英蝶泳选手采用直臂水上恢复，然而重要的是，手掌在拉水动作完成之后出水，在此之前的手臂并不伸直。在完成拉水的过程中要保持屈肘，使得手掌／前臂是向后迎水，而不是向上推水。在第 1 帧中的推进划水完成阶段，注意观察艾丽安娜的屈臂向后迎水。上臂和肘部首先离开水，接着是前臂和手掌。只有等到双手出水之后，艾丽安娜的肘部完全伸展为水上直臂恢复，如最后 3 帧所示。

你也可以看到艾丽安娜的头部、背部、肩膀都略高于水平面。她向前推动，没有过度的上下运动。当蝶泳沿短轴起伏时，是向前运动，而不是上下运动。

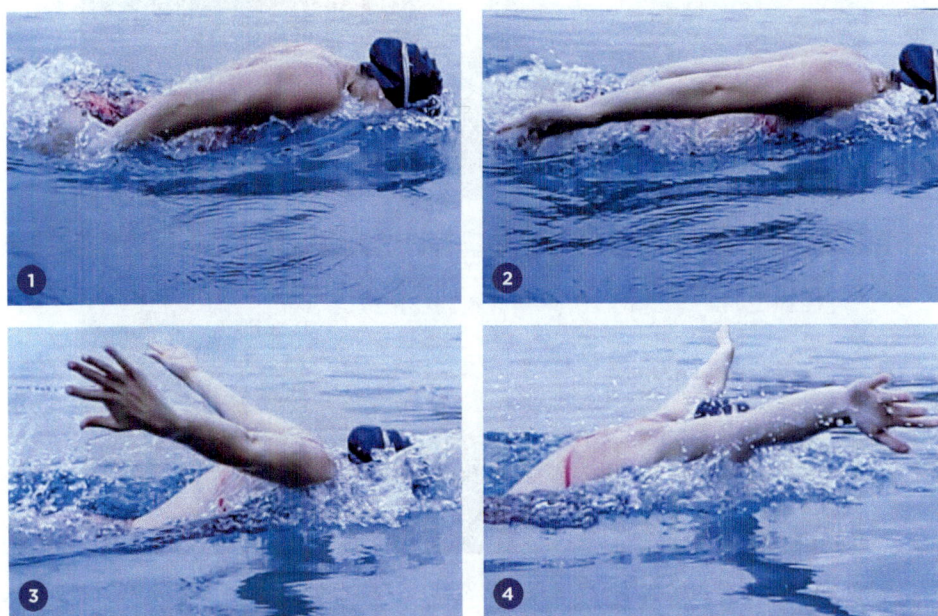

图 5.7 艾丽安娜在水下拉水的完成阶段屈肘（第 1 帧），然后再伸展为水上直臂恢复（第 2～4 帧）。

换气

为了让抬头动作不阻碍身体向前，在划水周期中选择正确的换气时刻很重要。在拉水过程的后半段——斜向阶段和完成阶段，蝶泳运动员从水中抬起头部和肩膀进行换气。

图 5.8 显示了艾丽安娜的换气动作。注意观察她在抓水时（第 1 帧）头部依然处于水中。而当她进入斜向阶段时，她开始抬起头部和肩膀（第 2 帧）。这时她的手掌 / 手臂过渡到划水的完成阶段和水上恢复阶段，如第 3、4 帧所示，她已经为换气清理开了面前的水。注意看艾丽安娜并没有以突然方式直接向上抬起头部和肩膀。她逐渐抬升，下巴保持在水面附近。精英蝶泳选手在换气时引导身体能量向前，以保持前进的速度。

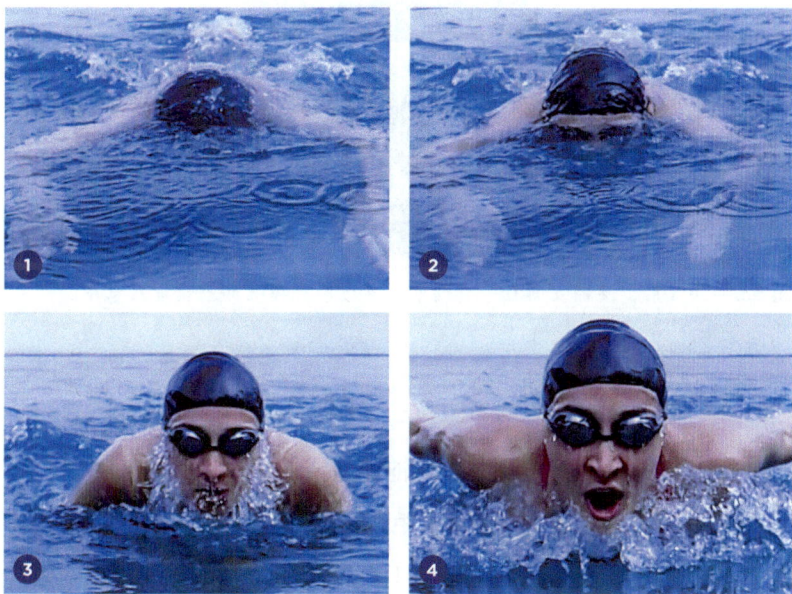

图 5.8　在蝶泳拉水的后半段，艾丽安娜逐渐抬起头换气。

在手臂向前恢复之前，将脸部／头部重新埋入水中。图 5.9 显示了艾丽安娜的换气，这时她的手臂位于身后，然后在手臂为下一次划水而向前恢复之前，她将头部埋入水中。记住，头部引导着躯干沿轴线向前运动，也包括在换气的时候，所以掌握正确的换气技巧与时机对游泳至关重要。

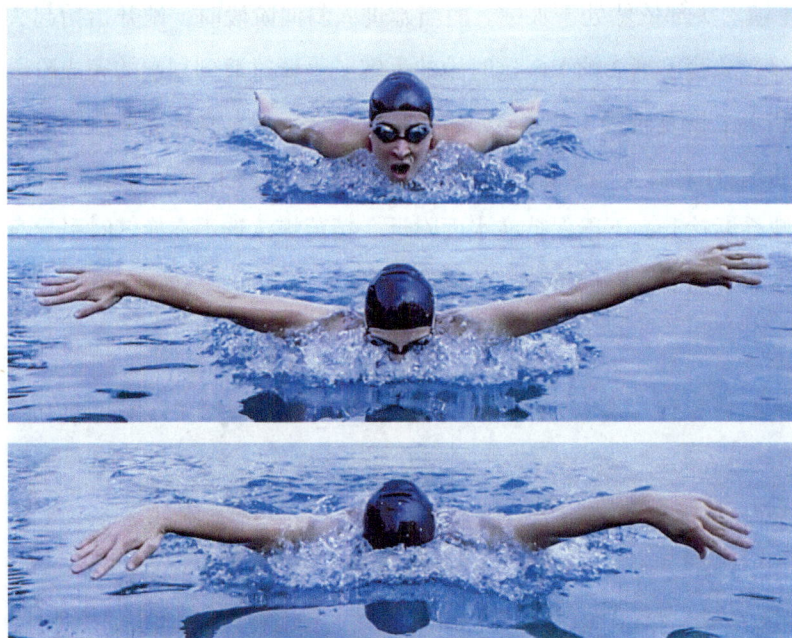

图 5.9　换气后，艾丽安娜在手臂向前恢复之前，将头部重新埋入水中。

水下海豚式打水

无论你的比赛策略是在蹬离池壁后快速做 2 ~ 3 次海豚式打水，或是在水下打水至允许的 15 米距离，都应该从每一次打水中获得最大的动力。要做到这一点，躯干在以流线型姿势打水时需要做起伏动作，与整个划水过程中的起伏类似。

图 5.10 显示了道格在水下的海豚式打水。注意观察他在打水时的身体起伏方式。他并不是让身体保持平直，仅从膝盖处打水。而是在伸展腿部向下打水的同时，将躯干向下向前压（第 2 ~ 4 帧）。尽管道格用身体在水下打水，注意在每一帧中他的手臂都是伸直向前，并未随着躯干上下起伏。当你从胸部下方发力打水时，保持手臂伸向前方。

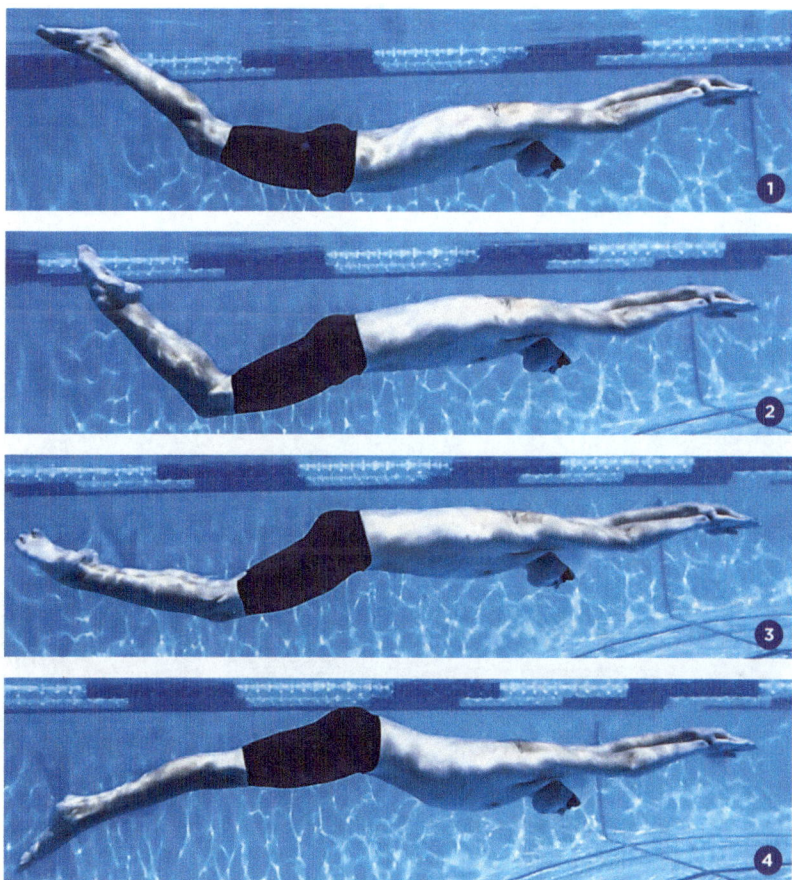

图5.10　道格从胸部下方发力做海豚式打水。

训练

为获得强有力的快速打水能力，艾丽安娜最喜欢的训练是"竖直海豚式打水"，下一页中的图 5.12 演示了艾丽安娜的训练方法。在第 1 帧中，她刚刚完成向前打水，正在直腿向后恢复。在第 2、3 帧中，她屈膝准备下一次打水。在第 4 帧中，她收紧有力的髋部，开始打水，继续做起伏动作，直至脚尖。在第 5、6 帧中她将腿部伸直。艾丽安娜和道格一样，在打水动作中利用整个身体，而不仅仅是双腿。

图 5.11 显示了艾丽安娜这种训练的两种难度级别。第一种是在打水时保持屈臂、手掌 / 前臂出水（第 1 帧）。第二种则难度更大，艾丽安娜在打水时将手臂举至头顶，呈流线型姿态（第 2 帧）。

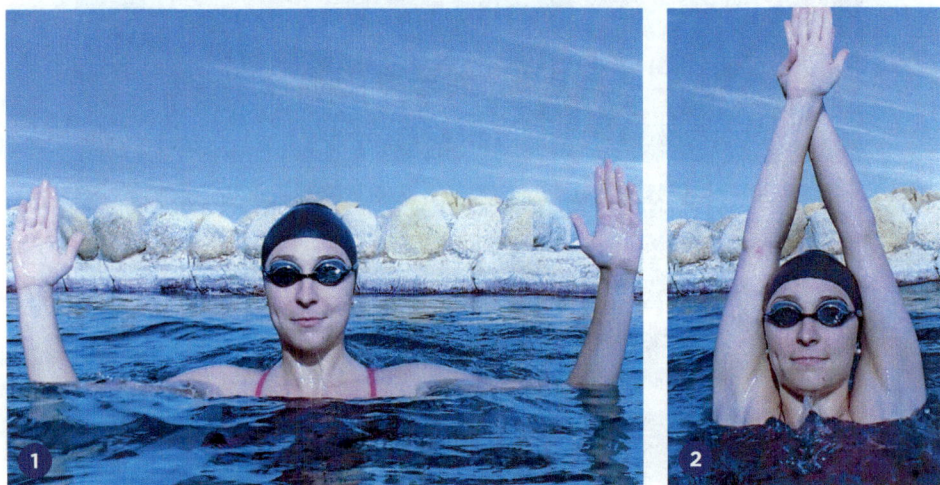

图 5.11 艾丽安娜的竖直海豚式打水有两种难度级别——前臂 / 手掌出水（第 1 帧）和更具挑战性的流线型姿态（第 2 帧）。

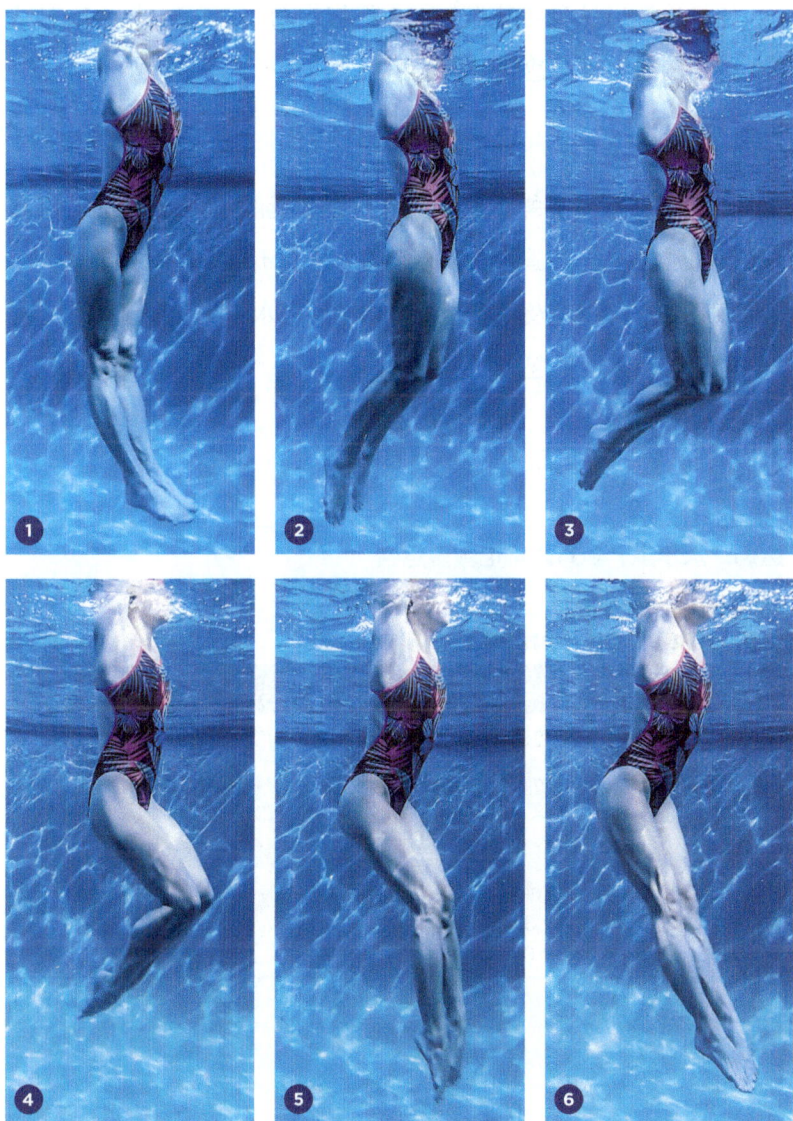

图 5.12　艾丽安娜在竖直海豚式打水训练中提高核心和腿部力量。

如果你能以这种姿势做 4 ~ 8 组打水动作，每组持续 20 秒或更久，你的能力将会达到世界水平！

—

让我们去感受下蝶泳这一最年轻的奥运会游泳项目的节奏和优美，加强你上肢、腿部和核心区的力量。不过，最重要的是要学会和练习在本章中提及的曲线拉水路径、打水时机和躯干动作，很快你就能够在泳池里起飞了！

划水数据

达娜·沃尔默，2012 年伦敦奥运会

100米蝶泳，50米泳道
成绩：55.98秒（金牌、世界纪录）

距离（米）	划水次数（次）	划水周期（秒/次）	分段计时
第1个50	21	1.05 ~ 1.10	26.39秒
第2个50	23	1.05 ~ 1.10	55.98（29.59）秒

出发和转身数据
出发后潜泳的时长和距离：4.4秒，11米。
转身后潜泳的时长和距离：3.3秒，7 ~ 8米。
从手触壁到脚蹬壁的时长：0.90秒。

迈克尔·菲尔普斯，2012 年伦敦奥运会

100米蝶泳，50米泳道
成绩：51.21秒（金牌）

距离（米）	划水次数（次）	划水周期（秒/次）	分段计时
第1个50	17	1.15	24.35秒
第2个50	18	1.15	51.21（26.86）秒

出发和转身数据
出发后潜泳的时长和距离：5.2秒，13～14米。
转身后潜泳的时长和距离：4.7秒，11米。
从手触壁到脚蹬壁的时长：0.95秒。

伊丽莎白·贝赛尔，2014 年全美大学生体协第一赛区锦标赛

365.76米（400码）个人混合泳，22.86米（50码）泳道
时间：3分58.84秒
蝶泳分段计时：55.95秒

距离（米）	划水次数（次）	划水周期（秒/次）	分段计时
第1个22.86	5	1.15	无数据
第2个22.86	8	1.25	26.17秒
第3个22.86	8	1.25～1.30	无数据
第4个22.86	8	1.25～1.30	55.95秒［（29.78秒，91.44米（100码）的第2个45.72米（50码）］

出发和转身数据
出发后潜泳的时长和距离：6.0秒，12.8米。
转身后潜泳的时长和距离：3.4秒，7.3米。
从手触壁到脚蹬壁的时长：0.95～1.0秒。

道格·雷诺兹，2014 年全美大学生体协第一赛区男子游泳锦标赛

91.44米（100码）蝶泳，22.86米（25码）泳道
成绩：45.92秒

距离（米）	划水次数（次）	划水周期（秒/次）	分段计时
第1个22.86	5	0.95~1.0	9.81秒
第2个22.86	5	1.0	21.63（11.82）秒
第3个22.86	5	1.0	33.53（11.90）秒
第4个22.86	无数据	1.05	45.92（12.39）秒

出发和转身数据
出发后潜泳的时长和距离：5.0秒，13.7米。
转身后潜泳的时长和距离：6.2秒，13.7米。
从手触壁到脚蹬壁的时长：1.0秒。

注：受电视画面的影响，某些数据未知。

艾丽安娜·库克斯，2009 年意大利罗马世锦赛

200米个人混合泳，50米泳道
成绩：2分6.15秒（金牌、世界纪录）
蝶泳分段计时：27.72秒

距离（米）	划水次数（次）	划水周期（秒/次）	分段计时
第1个50	22	1.03	27.72秒

出发数据
出发后潜泳的时长和距离：5.0秒，12米。

玛丽·米格尔（"蝴蝶夫人"），1981 年全美锦标赛

200米蝶泳，50米泳道
成绩：2分5.96秒（金牌、世界纪录）

距离（米）	划水次数（次）	划水周期（秒/次）	分段计时
第1个50	23	1.15	29.53秒
第2个50	25	1.15～1.20	1分1.41（31.88）秒
第3个50	26	1.15～1.20	1分33.69（32.28）秒
第4个50	26	1.10～1.15	2分5.96（32.27）秒

出发和转身数据

出发后潜泳的时长和距离：3.1秒，8米。
转身后潜泳的时长和距离：1.8秒，5米。
从手触壁到脚蹬壁的时长：1.0秒。

仰泳

第6章
仰　泳

　　下面我们开始讨论有关仰泳的技术，先来听听艾迪·里斯是怎么说的。他曾担任得克萨斯大学男子游泳队主教练，该队曾是8届全美大学生体协锦标赛的冠军队。此外，他还是2004年和2008年美国奥运游泳队的主教练。当被问到他的蝶泳和仰泳训练方法时，他强调划水动作与速度的重要性，以及二者之间的密切联系。

　　提高蝶泳或仰泳速度的关键在于，尽可能地将划水动作固化。例如，有很多在全美排名靠前的11～12岁仰泳选手，他们是用手背入水，而不是垂直入水的。在全美赛事或是全美大学生体协赛事的决赛中，每4～5年就可能会出现一位手掌入水方式不正确的游泳选手。而在最高水平的赛事中，则很少见到划水技术的错误，那是因为，最快的游泳选手往往是那些拥有最有效技术的运动员。

练习和优化合适的仰泳动作极具挑战性，因为在整个划水周期中，游泳者无法看到自己四肢的位置，以确保正确的技术动作。而对于其他泳姿，游泳者能够看到自己手掌和手臂动作，至少在划水动作中最不好把握的抓水阶段能看到。而对于仰泳来说则是不可能的，因此，游泳者必须细致地关注动作细节，在仰泳训练中尽最大可能地提高自己的本体感受能力。

在本章中，我们将有机会研究世界上最棒的两位仰泳选手——伊丽莎白·贝赛尔和亚伦·佩尔索的泳姿。他们的游泳技术和划水时机会为我们提供指导。然后，我们的任务就是把所学到的技术用于构建我们自己的泳姿。

划水方式

让我们首先观察下完整的曲线划水方式，这样可以看到在划水推进周期里的手掌／手臂位置。图 6.1 显示了亚伦从手掌入水到完成阶段所划行的拉水路径。

在第 1 帧中，亚伦的左臂完全笔直地入水，与肩部呈一条直线，掌心朝外（手掌垂直于水面）。在第 2、3 帧中，他专注于抓水的细节，将手掌／前臂在水中朝向后方。虽然亚伦看不到他在水中朝向后方的手掌和前臂，但他通过长时间的训练已经练就了准确的定位技巧。在本章的后面我们会详细介绍亚伦最喜爱的一项训练，将划水的抓水瞬间独立出来，在直臂入水后，不断重复着在水中将肢体朝向后方。

注意亚伦在第 3 帧里抓水的深度。在划水的斜向阶段（第 4、5 帧），他手掌／手臂入水的深度让他足以做划扫动作并仍然保持

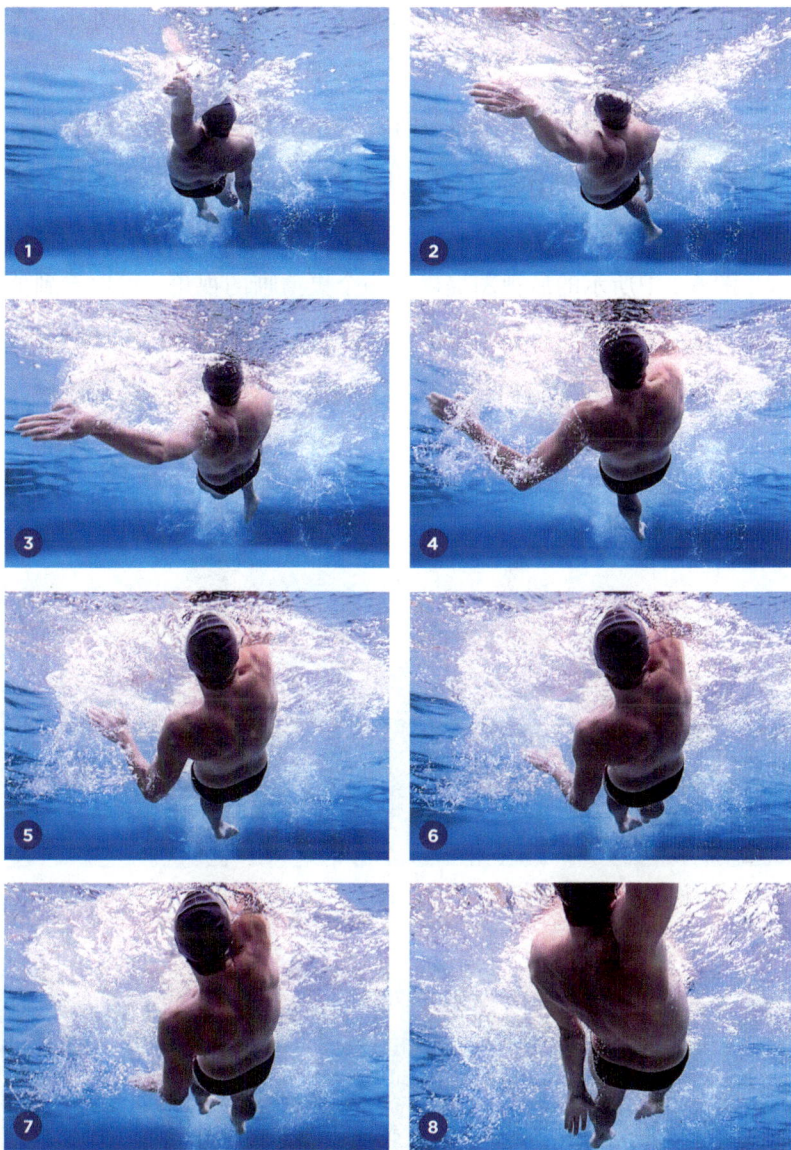

图6.1 亚伦·佩尔索在仰泳中沿着曲线路径划行。

手掌在水中，但也无须更深。如果他抓水的动作太深，将处于一个在力学上的弱势位置，肩膀须承受过大的扭矩。

亚伦划行了第4、5帧的斜向阶段和第6～8帧的完成阶段。通过水下拉水，他确保升力和阻力的合力直接向后作用于水中，推动他前进。

图6.2中所示的后视图提供了一个更清晰的视角，可以看到他手掌／前臂的位置，在整个划水阶段向后压水。亚伦在第2帧抓水，第3帧首次转向至斜向阶段，到第4帧第二次转向进入完成阶段。

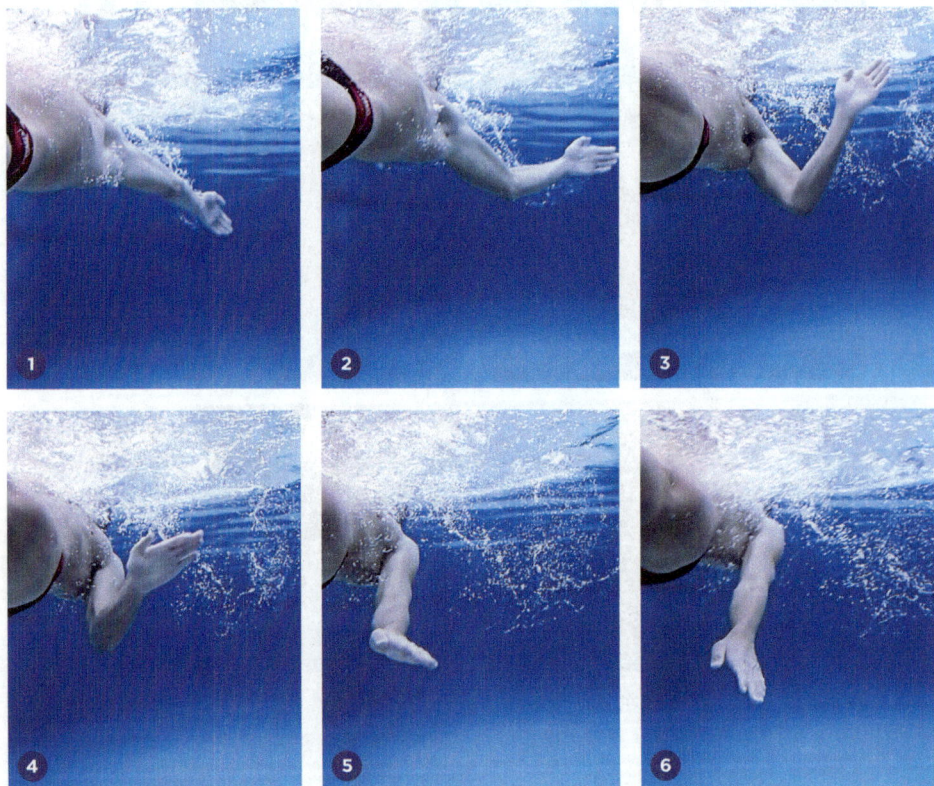

图6.2 亚伦在仰泳拉水的抓水、斜向和完成阶段。

记得在第2章中谈到，想要获得专业水平的水感，你就需要在仰泳的划水过程中提高手掌速度（也就是手掌力量）。在抓水阶段的手掌速度是最慢的，在完成阶段的速度是最快的。精英游泳选手在划水的完成阶段将水加速向后推。

仰泳选手在结束推进拉水时保持直臂，手掌低于髋部，如第5、6帧所示。因为他们处于仰卧的体位，这是延长推进划水路径的最好选择。

图6.3是伊丽莎白仰泳完成阶段的一个特写镜头，展示了她在完成阶段的技术动作与亚伦一样。在第1帧划水的最后阶段，她的手掌／前臂精确地定位，从而最大限度地获得向前的推进力。她在第2帧中，手臂伸直，手掌低于髋部。

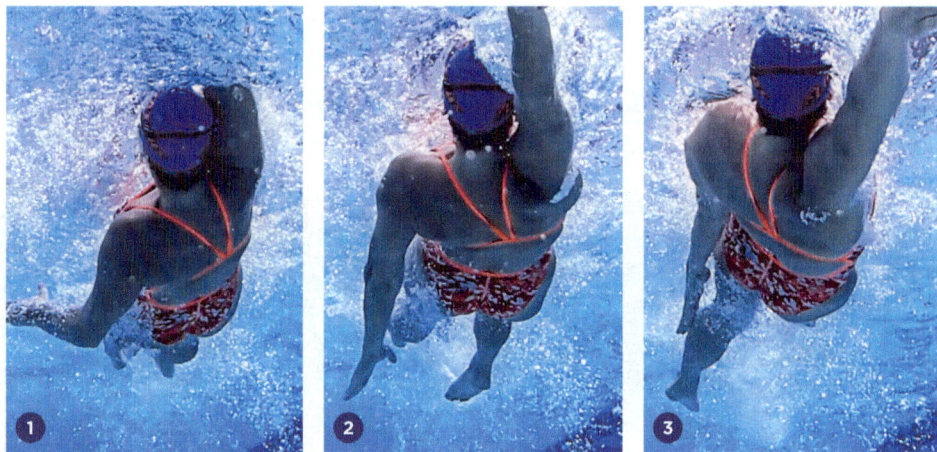

图6.3　伊丽莎白·贝赛尔向后向下压水，完成仰泳的拉水动作，手臂伸直，手掌低于髋部。

伊丽莎白在完成拉水动作之后，她将手掌转至垂直方向，掌心朝向腿部，把之前抱住的水放开，同时，将手掌／手臂举出水面，进入划水的水上恢复阶段（第3帧）。

身体姿势

当仰泳选手在水中保持正确的身体姿势时，就更容易按照曲线拉水方式来游泳。

仰泳选手将脸部和胸部抬出水面，头部平行于水面。髋部的位置略低于水面，使得打水的双腿保持在水下。由于髋部低于水面，躯干略微呈曲线，而不是僵硬的平坦体位。图6.4显示了伊丽莎白和亚伦的脸部和胸部露出水面，而髋部略低于水面。

图6.5从水上视角展示了一位精英仰泳选手的身体姿势。亚伦的脸部和胸部略高于水面，髋部位置正好在水面之下。亚伦下巴的位置适中，既没有收紧，也没有上扬。他的眼睛目视天空。精英仰

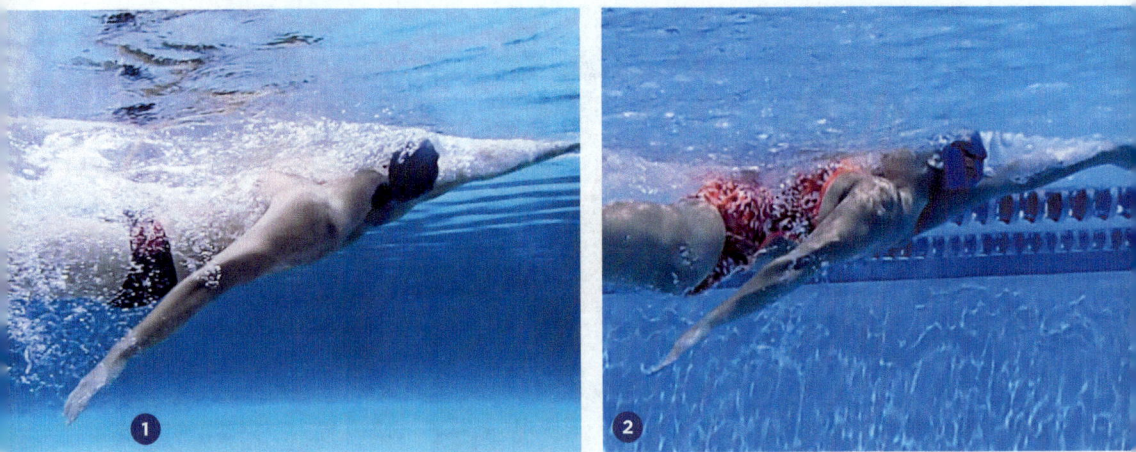

图6.4　亚伦（第1帧）和伊丽莎白（第2帧）在划水时，脸部和胸部刚好露出水面，髋部则正好在水面之下。

图 6.5 亚伦保持头部平稳，划水时目视天空。

泳选手在整个划水周期里努力保持这种既稳定又平直的头部姿势。

如亚伦在图中所示，仰泳选手在水面上以直臂方式恢复。在拉水完成之后，他们用肩膀而不是手掌，来引导恢复和举臂。我们从亚伦的泳姿可以看到，当手臂抢过头顶的时候，肩膀应该扫过脸颊 / 下巴。

划水时机和躯干动作

让我们仔细看看仰泳的另外两个关键因素：划水时机和躯干动作。

图 6.6 显示了亚伦从伸展到完成的划水动作。在第 1 帧中，他的双臂相互协调，在左臂入水的同时，右臂完成划水。我们在图 6.3 中看到伊丽莎白采用同样协调的划水动作。直到她的推进臂在低于髋部的位置完成划水动作之后（第 2 帧），她的恢复手臂才完全入水。一旦恢复臂入水之后，精英仰泳选手向着入水臂的方向转动身

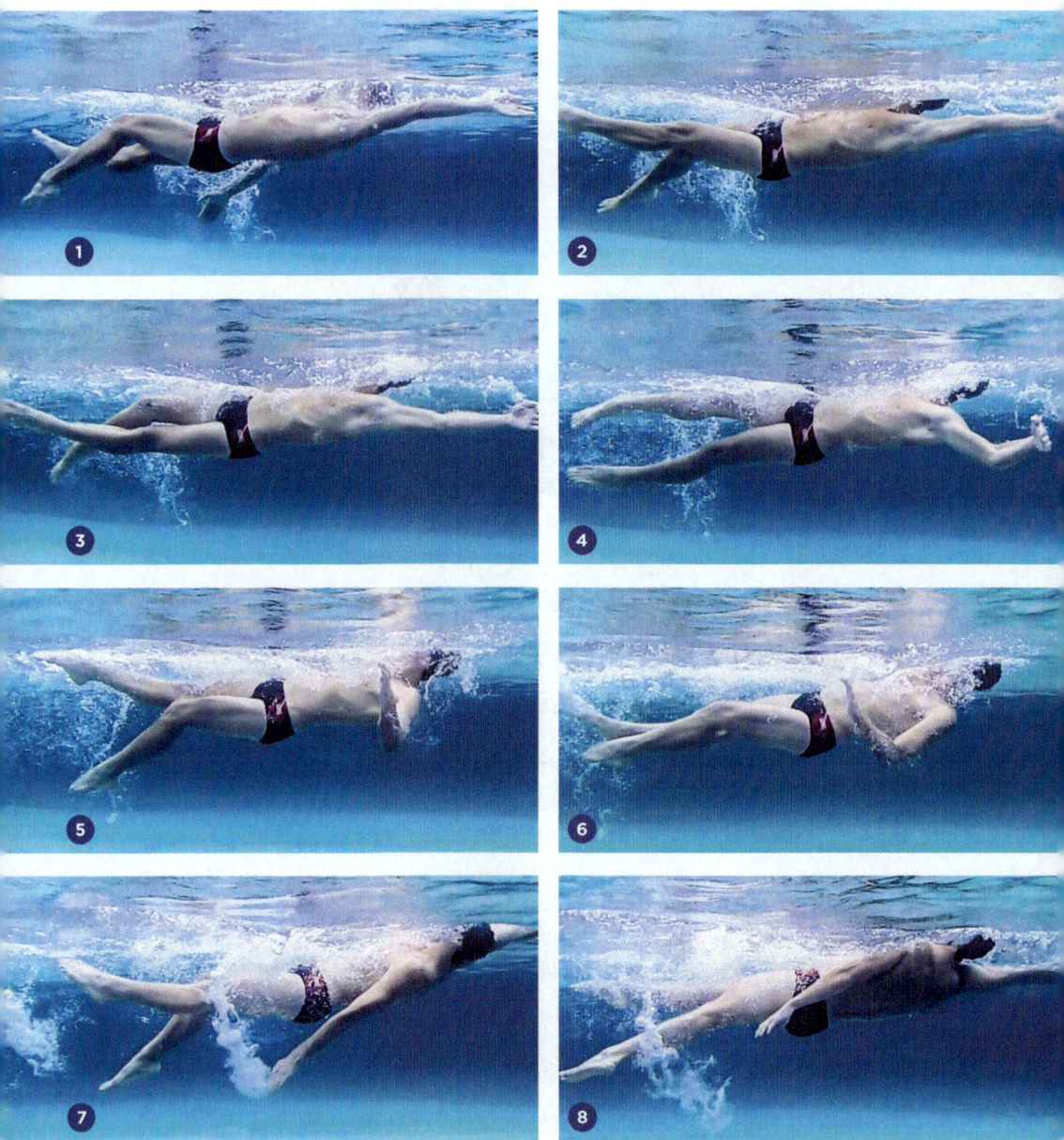

图 6.6 亚伦将打水和躯干动作与拉水衔接起来。

体（在图 6.3 第 3 帧伊丽莎白的泳姿中也可以见到）。当他们准备抓水之际，身体转动达到了最大限度，单侧角度为 25 ~ 30 度。图 6.6 第 2、3 帧显示亚伦在伸臂开始抓水时，他的身体向左转动。

一旦抓水完成，精英仰泳选手朝着反方向转髋，如图 6.6 第 4 帧中亚伦的动作。他开始向右转动。在划水动作的斜向阶段和完成阶段，他继续沿长轴转动，直至髋部回到原位（第 5 ~ 7 帧）。在最后一帧里，在右臂入水和伸展时，他完成了向右的转动（25 ~ 30 度）。亚伦说，在划水的完成阶段，他感到身体压向完成手掌 / 手臂的一侧，而手掌入水一侧的身体则伸展开来。这使得他的拉水动作加入了节奏和力量。

在最后两帧中你还可以看到，亚伦右臂入水的同时，他的左臂在髋部下方完成动作。专业水平的时机把握使得划水中的降速达到最小。

打水时机

为进一步减少降速，精英仰泳选手在每个手臂划水周期中打水 6 次，并且每次打水都发生在拉水的特定时刻。图 6.6 显示了亚伦是怎样将打水节奏与拉水衔接的。

- **第 1 次打水**：当左臂入水和伸展时，左腿打水（第 1、2 帧）。
- **第 2 次打水**：当左臂抓水时，右腿打水（第 3、4 帧）。
- **第 3 次打水**：当左臂从斜向阶段到完成阶段时，左腿打水。这就是奋力一击（第 5 ~ 7 帧）。
- **第 4 次打水**：当左臂举出水面时，右腿打水（第 8 帧）。
- **第 5 次和第 6 次打水**：当手臂在水上恢复时，做这两次打水。

图 6.7 伊丽莎白在用左臂抓水时，右腿打水。

伊丽莎白和亚伦一样，将她拉水和打水衔接起来。让我们看看在划水周期中出现这种情况的两个时刻。在图 6.7 中，我们看到伊丽莎白在用左臂抓水时，她屈膝来为右腿推进打水做准备。亚伦在图 6.6 第 3 帧中也是如此。

图 6.8 伊丽莎白协调她的拉水和打水，实现奋力一击。

在这一章的照片中，注意看伊丽莎白和亚伦的打水姿势，他们的膝盖并没有太过分开，两位游泳选手在打水时膝盖都是并拢的，这样可以确保他们的膝盖不会露出水面。注意在每一帧中，这两位世界级仰泳选手的腿部动作都位于略低于水面的位置。

在图 6.8 中我们可以看到，伊丽莎白的奋力一击与亚伦一致。她在第 1 帧中右臂处于划水的斜向阶段，这时她弯曲右腿，持续推进打水直至在第 2、3 帧中完成拉水。这是一次强有力的奋力一击。

水下海豚式打水

精英仰泳选手在出发后和每一次转身之后，都采用水下海豚式打水。游泳规则将水下打水距离限制在 15 米以内，几乎每位世界级仰泳选手都在出发后接近那个距离界限。平均来说，精英仰泳选手大约需要 9 ～ 11 次海豚式打水到达 13 ～ 14 米的标志位置；在 5.5 ～ 6.0 秒到达标志线，打水速度为每次 0.35 ～ 0.45 秒。

而在转身之后，精英仰泳选手的出水时间比他们出发后的出水时间要早。他们的水下海豚式打水平均用时为 3.5 秒，在 7 ～ 9 米的标志位置浮出水面。

下页图 6.9 显示了亚伦的水下海豚式打水，他在打水时屈膝，利用升力和阻力来获得向前的推力。还要注意他在第 3、4 帧里接近 15 米标志时，他是如何逐渐浮出水面的。他并不是待在同一深度的水中，然后突然冒出水面，而是让身体保持一定角度，逐渐上升，以免阻碍身体向前。

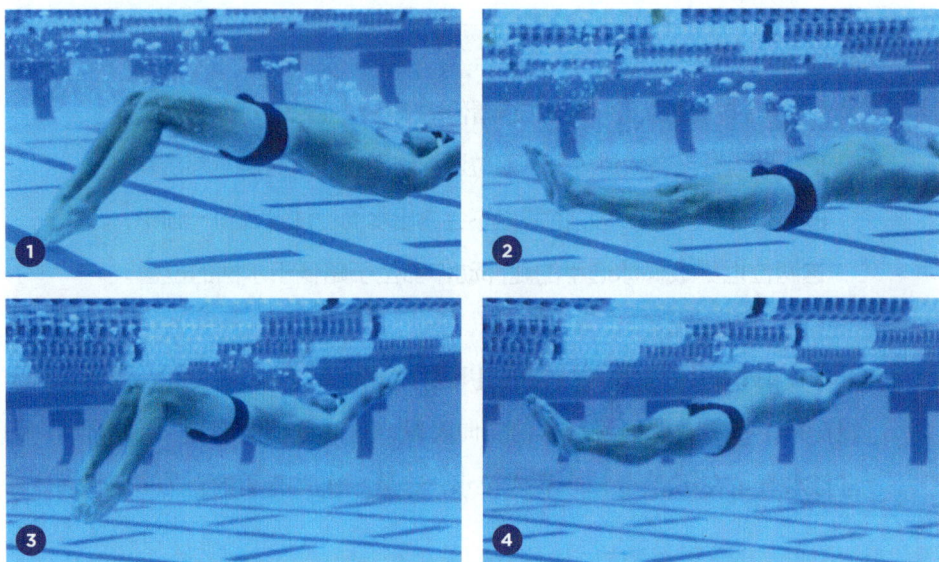

图 6.9 亚伦在接近 15 米标志时，逐渐浮出水面，而不是突然冒出来，以免阻碍身体向前。

训练练习

亚伦最喜欢的一项练习是"划桨和拉水"，其目的是帮助游泳者从伸展直臂入水来感受抓水。由于仰泳选手在入水和抓水时，看不到自己的手掌／手臂，反复单独练习这个动作就很有用，能够帮助开发本体感知能力，感知手掌／手臂在水中是朝向后方的。

图 6.10 显示了亚伦正在做划桨和拉水动作。在第 1 帧中，他左臂伸直入水并伸展。第 2、3 帧中的"划桨"练习部分就是在直臂入水后找到抓水的感觉。当亚伦感知到手掌／手臂在水中朝向后方时（第 3 帧），他回到伸展姿势。如第 4 ~ 6 帧所示，这样他可以重复划桨动作，再一次感受抓水。当第二次找到抓水的感觉，他拉水（练习"拉水"部分）通过划水的斜向阶段和完成阶段，然后交换手臂。

图6.10 亚伦通过划桨和拉水动作来练习仰泳抓水。

即使是像亚伦这样的世界纪录保持者，也在不断训练以提高他的本体感知能力。在你的训练中加入这套练习，当你的手掌／手臂在水中朝向后方时，你的感知能力就能够有所提高。

———

记住，良好的动作是快速游泳的关键。尽可能地练习来改善曲线拉水路径、躯干动作、划水时机和 6 次打水，很快你就会拥有优美而快速的仰泳泳姿了。

划水数据

亚伦·佩尔索，2009 年意大利罗马世锦赛

200米仰泳，50米泳道
成绩：1分51.92秒（金牌、世界纪录）

距离（米）	划水次数（次）*	划水周期（秒/次）	分段计时
第1个50	15	1.5	26.52秒
第2个50	16	1.48	54.90（28.38）秒
第3个50	16.5	1.42～1.45	1分23.30（28.40）秒
第4个50	18.5	1.30～1.35	1分51.92（28.62）秒

*划水次数按一个完整周期来计。

出发和转身数据
出发后潜泳的时长和距离：5.5秒，13～14米。
转身后潜泳的时长和距离：3.6～3.9秒，9～11米。
从手触壁到脚蹬壁的时长：1.25～1.35秒。

米西·富兰克林，2012 年伦敦奥运会

200米仰泳，50米泳道
成绩：2分4.06秒（金牌、世界纪录）

距离（米）	划水次数（次）*	划水周期（秒/次）	分段计时
第1个50	17	1.3	29.53秒
第2个50	19	1.4	1分0.50（30.97）秒
第3个50	19.5	1.4	1分32.16（31.66）秒
第4个50	20.5	1.4	2分4.06（31.90）秒

* 划水次数按一个完整周期来计。

出发和转身数据
出发后潜泳的时长和距离：5.6秒，12米。
转身后潜泳的时长和距离：3.4秒，7~8米。
从手触壁到脚蹬壁的时长：1.0~1.2秒。

伊丽莎白·贝赛尔，2012 年伦敦奥运会

200米仰泳，50米泳道
成绩：2分6.55秒（铜牌）

距离（米）	划水次数（次）*	划水周期（秒/次）	分段计时
第1个50	16.5	1.30	30.12秒
第2个50	19.5	1.42	1分2.04（31.92）秒
第3个50	20	1.42	1分34.40（32.36）秒
第4个50	20.5	1.37~1.40	2分6.55（32.15）秒

* 划水次数按一个完整周期来计。

出发和转身数据
出发后潜泳的时长和距离：6.5秒，14米。
转身后潜泳的时长和距离：3.5秒，7~8米。
从手触壁到脚蹬壁的时长：1.2~1.4秒。

亚伦·佩尔索，2009 年全美锦标赛

100米仰泳，50米泳道
成绩：51.94秒（金牌、世界纪录）

距离（米）	划水次数（次）*	划水周期（秒/次）	分段计时
第1个50	15.5	1.25	25.35秒
第2个50	18	1.20～1.25	51.94（26.59）秒

* 划水次数按一个完整周期来计。

出发和转身数据
出发后潜泳的时长和距离：5.5秒，13～14米。
转身后潜泳的时长和距离：5.2秒，11～12米。
从手触壁到脚蹬壁的时长：1.25秒。

伊丽莎白·贝赛尔，2014 年全美大学生体协第一赛区锦标赛

365.76米（400码）个人混合泳，22.86米（25码）泳道
成绩：3分58.84秒
仰泳分段成绩：59.7秒

距离（米）	划水次数（次）*	划水周期（秒/次）	分段计时
第1个22.86	6.5	1.6	无数据
第2个22.86	7	1.6	30.1秒
第3个22.86	7	1.6	无数据
第4个22.86	7	1.6	59.7（29.6）秒

* 划水次数按一个完整周期来计。

出发和转身数据
出发后潜泳的时长和距离：无数据。
转身后潜泳的时长和距离：3.2～3.8秒，6.4～7.3米。
从手触壁到脚蹬壁的时长：1.25～1.35秒。

里克·凯里，1983 年全美大学生体协第一赛区锦标赛

91.44米（100码）仰泳，22.86米（25码）泳道
成绩：48.25秒（第一名、全美大学生体协纪录）

距离（米）	划水次数（次）*	划水周期（秒/次）	分段计时
第1个22.86	7	1.05	无数据
第2个22.86	9	1.07	22.93秒
第3个22.86	9	1.07	无数据
第4个22.86	9.5	1.10~1.12	48.25（25.32）秒

* 划水次数按一个完整周期来计。

出发和转身数据

出发后潜泳的时长和距离：3.85秒，8.2~9.1米。
转身后潜泳的时长和距离：2.1~2.5秒，5.5~6.1米。
从手触壁到脚蹬壁的时长：0.5秒。

注：1992年之前的仰泳选手被要求在转身之前要用手触壁。

蛙 泳

第 7 章
蛙　泳

　　近几十年以来，所有 4 种泳姿的最好成绩都在稳步提高，这其中蛙泳的提高最为突出。把 1972 年慕尼黑奥运会和 2012 年伦敦奥运会的冠军成绩相比较就可以看出，蛙泳发生了根本性的进步，而其他泳姿却没有。

　　在男选手方面，2012 年奥运会 200 米自由泳冠军成绩比 1972 年冠军要快 9.64 秒，200 米仰泳成绩快了 9.41 秒*，200 米蝶泳则快了 7.74 秒。对比一下，伦敦奥运会 200 米蛙泳冠军成绩比慕尼黑奥运会冠军快了 14.27 秒，令人惊叹。

---

* 在1992年9月之前，仰泳选手被要求保持躺姿，在转身之前手要触壁。1992年
9月之后，游泳者可以翻滚胸部，单臂或双臂拉水来转身。这就提高了仰泳的
成绩，对于200米估计有2～3秒的提高，归功于今天更快的转身动作。

女选手的成绩也是如此。2012 年奥运会 200 米自由泳冠军要比 1972 年的冠军快 9.95 秒，200 米蝶泳要快 11.51 秒，200 米仰泳要快 15.13 秒，而 200 米蛙泳则要快 22.12 秒，令人兴奋。

蛙泳出现了革命性的进步，这一点从美国奥运会选拔赛的资格标准也能够看出。2012 年，男女选手在自由泳、仰泳和蝶泳方面的资格标准与 1988 年奥运会选拔赛的要求相差无几，而且 2012 年有 4 个项目（200 米、400 米、1 500 米自由泳和 200 米蝶泳）的男选手标准要低于 1988 年标准。

对于蛙泳则大相径庭，2012 年奥运会选拔赛的资格标准要明显高于 1988 年。2012 年 100 米男子蛙泳资格标准比 1988 年快了 1.3 秒，200 米蛙泳则快了 3.8 秒。女子方面，2012 年 100 米蛙泳资格标准比 1988 年快了 3.2 秒，200 米蛙泳则比 1988 年快了 5.2 秒。

为什么会有如此显著的差异？和其他泳姿相比，蛙泳出现了什么特别的改进？答案就是，蛙泳技术在近几十年里出现了显著的变化。蛙泳成绩的提高不仅归功于高技术泳衣的出现、出发和转身动作的优化以及力量训练方法的改进，还因为蛙泳经历了一次力学上的彻底变革，其他泳姿则没有经历过。你可以去研究 20 世纪 70 年代和 80 年代的优秀蝶泳、仰泳和自由泳选手的动作力学，所获得的有价值的技术信息与当今最快选手的技术信息相差无几。而蛙泳则须另当别论。

蛙泳的改变发生在躯干动作、身体姿势和时机选择上，都是在不断地努力减小水阻。蛙泳游泳者在划水循环的恢复阶段要用手臂和腿部向前推水，因而会产生较大的水阻和减速。因此，技术改进往往聚焦于在这些动作中如何减小水阻。

在 20 世纪 70 年代，人们普遍认为，为了减小水阻，游泳者在划水的所有阶段都要尽可能地保持身体平直，仅在出水换气时抬头。图 7.1 显示的这种平直式蛙泳就是当时被认为水阻最小的最有效的方式。

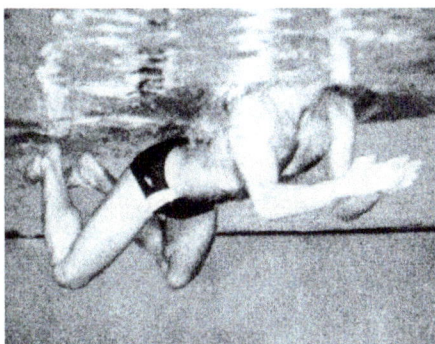

图 7.1 在 20 世纪 70 年代的平直式蛙泳技术，游泳者尽量减小身体上的水阻，但在手臂恢复阶段却有着明显的拖拽力。

注意观察游泳者在水中向前恢复时的手臂位置。虽然他的身体相对水平，这利于减小水阻，但当他向前推动手臂时，却遭遇了明显的来自前方的拖拽力。

将 20 世纪 70 年代的泳姿与图 7.2 所示今天的泳姿来做个对比。2012 年奥运会金牌获得者丽贝卡·索尼从水中抬起头部、肩膀和上半身，以这种抬起的姿势来向前恢复手臂。把身体抬高这么多，这似乎违反了我们的直觉，因为游泳者应该向前而不是向上运动，但由于上臂位于水面之上，与 20 世纪 70 年代的姿势相比，游泳者遇到的来自正面的水阻则更少。

当今的蛙泳技术极具挑战性和活力，运用合适的话，成绩能够突飞猛进。在本章中，我们很幸运地能够学习到当代世界级游泳高手的技巧、时机和躯干动作，他们有丽贝卡·索尼、劳拉·索加和尼古拉斯·芬克。

图 7.2 丽贝卡·索尼抬起上身，在水面上向前恢复手臂。

拉水和蹬腿方式

在蛙泳中减小水阻是极其重要的，本章将重点讲述掌握这项技能的技术要点，先来回顾一下用于产生推进力的曲线拉水和蹬腿路径。蛙泳中的蹬腿动作和拉水动作一样，都是我们的研究重点，这是由蹬腿动作的三维特性所决定的，此外还因为在半个划水周期里，蹬腿为蛙泳者提供了唯一的前进动力。蛙泳的划水分为两个阶段。运动员先拉水，再蹬腿，而不像其他泳姿那样同时拉水和打水。

我们首先观察拉水动作，图 7.3 展示了丽贝卡的拉水路径。在每个划水周期开始时，蛙泳选手的手臂和头部位于水下，保持流线型姿势，如丽贝卡在第 1 帧中所示。在第 2 帧中，丽贝卡从伸展的流线型姿势开始，向外划扫手掌／手臂并超过肩宽，向外划扫并不能提供前进的动力，但却是建立强有力抓水姿势的关键。丽贝卡屈肘，将手掌和前臂向后迎水，然后抓水，如第 3、4 帧所示。

通过这两帧可以看到，丽贝卡的抓水相比其他泳姿更宽。因为蛙泳选手仅仅向后拉水至肩部，而不是髋部（对于其他泳姿），他们无法得到一条较长的拉水推进路径。在划水的斜向阶段，他们向外划扫抓水以延长路径，再沿着曲线路径向后向内拉水。第 5、6帧所示的斜向阶段是拉水产生动力的阶段。（注：斜向阶段也称为蛙泳的内扫，在本章中将沿用这种表达。）

> 精英蛙泳选手在蹬腿时达到的速度接近于拉水时的速度。手臂和腿部对推进力的贡献相同。

图7.3 丽贝卡在蛙泳中的拉水动作。

图7.4展示的是尼古拉斯的向外划扫,和丽贝卡的动作一样,都是为了抓水。从这种张开的宽度,他可以在之后的内扫阶段获得更长的向后向内的推力路径。

图7.4 尼古拉斯·芬克向外划扫抓水。

分析图7.3的第7帧可以发现,丽贝卡的手掌和前臂在接近水面的位置。在内扫阶段,蛙泳选手从水里抬起头部、肩膀和上半身,使得手掌 / 前臂也同样出水。以这样的抬起姿态,选手的上肢在做向前恢复时(第8帧)所受的迎面水阻比在水下前推上肢的水阻更小。

图7.5展示的是从水上看到尼古拉斯在蛙泳的拉水过程中是怎样从水中抬起头部、肩膀和上半身的。在最后一帧中可以看到他将自己的身体抬升到足够高的位置,使得他的手掌 / 手臂是在水面恢复的。

再回到图7.3,注意看在前7帧中,丽贝卡在拉水时,腿部在身后保持流线型。在第8帧中,当她的手掌 / 手臂向前恢复时,我

抓水的宽度应该设定在当你感觉既强有力又协调的位置,避免划扫得过宽,导致肩部肌腱有疼痛感。抓水的宽度和力量可以通过日积月累训练出来。

们第一次看到她的腿出现在图中。这是一个非常关键的细节，我们将在后面讨论划水时机时讲到。现在，让我们仔细观察推进蹬腿的路径。

手掌的加速

还记得我们在第2章里讲到，要想获得高水准的水感，就需要在进入拉水的过程中提高手掌速度（也就是增加手掌力量）。因为蛙泳的推进阶段在内扫时结束，蛙泳选手在抓水外扫时保持固定的手掌速度，而在内扫时让手掌加速。

图7.5　尼古拉斯在蛙泳的拉水中，从水中抬起头部、肩膀和上半身。从这个抬起的位置，他能够在水面向前恢复手掌／手臂，将水阻减到最小。

蹬腿动作

蛙泳的蹬腿是 4 种泳姿里唯一的三维动作，并且包含了抓水。游泳者在蛙泳蹬腿过程中为了产生推进力，在开始蹬腿时让足部向外、向后、向下扫出半圆，然后再向内、向后、向下地完成蹬腿动作。

图 7.6 显示了劳拉的蹬腿动作。第 1 帧中，劳拉让足部尽可能靠近身体，足部越靠近身体，她就能获得越长距离的蹬腿推进路径。还要注意，我们在第 1 帧里几乎看不到劳拉的小腿和足部，因为她将下肢"隐藏"在身体后方，以此来减小她在恢复阶段抬起时遇到的水阻。

第 1 帧中还展示了劳拉在即将蹬腿时，将双膝展至与肩同宽。打开双膝（与肩部同宽）使得她处于一个强有力的力学位置，一旦开始抓水，便可以将力量传递给蹬腿动作。

在第 2 帧中，劳拉的双足屈踝，使得足底向后迎水。同时，她将双足向外转动，使其正好位于双膝外侧，沿身体的中轴线向内转动大腿。蛙泳选手将大腿向内转动，小腿和足部则向外转动，这就是抓水时刻。劳拉现在的姿势就是用足底抱水并向后推压，使得身体向前推进。

劳拉一开始抓水，就将足部向外、向后、向下划扫，如第 3、4 帧中所示，然后再向内、向后、向下划扫，如第 5、6 帧中所示。

蛙泳的蹬腿动作要求髋部和膝关节有较好的灵活性。在训练大腿向内转动和小腿向外转动时，应注意膝关节的健康状况。转动的程度应该是韧带和肌腱不应有被拉紧的感觉。如同手臂的抓水练习，腿部转动的灵活性和力量也需要日积月累。

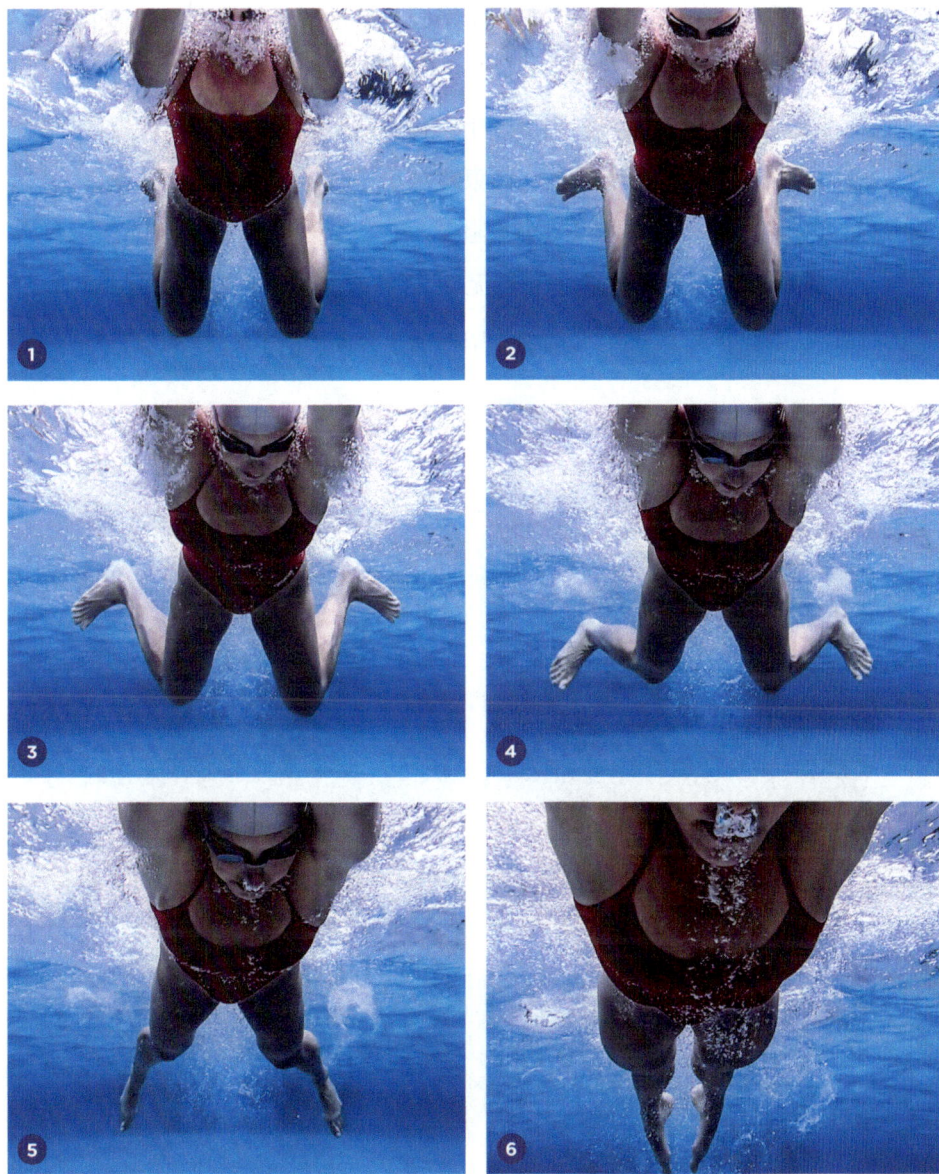

图 7.6 劳拉的蛙泳蹬腿在水中向后划扫半圆。

注意观察她的足部和小腿划扫了半个圆，但是大腿却没有。在整个蹬腿过程中，她保持双膝分开同样的角度，直到蹬腿结束，再将双腿并拢。一旦双脚向内划扫至窄于肩宽（第5帧），就不再产生推进力了，但重要的一点是要在结束蹬水动作时将足部和腿部并拢，如第6帧所示，这样可以减小水阻。

图7.7的后视图展示了我们无法从前视图中看到的劳拉蹬腿动作。注意蛙泳蹬腿这个三维动作中的向下分量。劳拉在抓水时，双

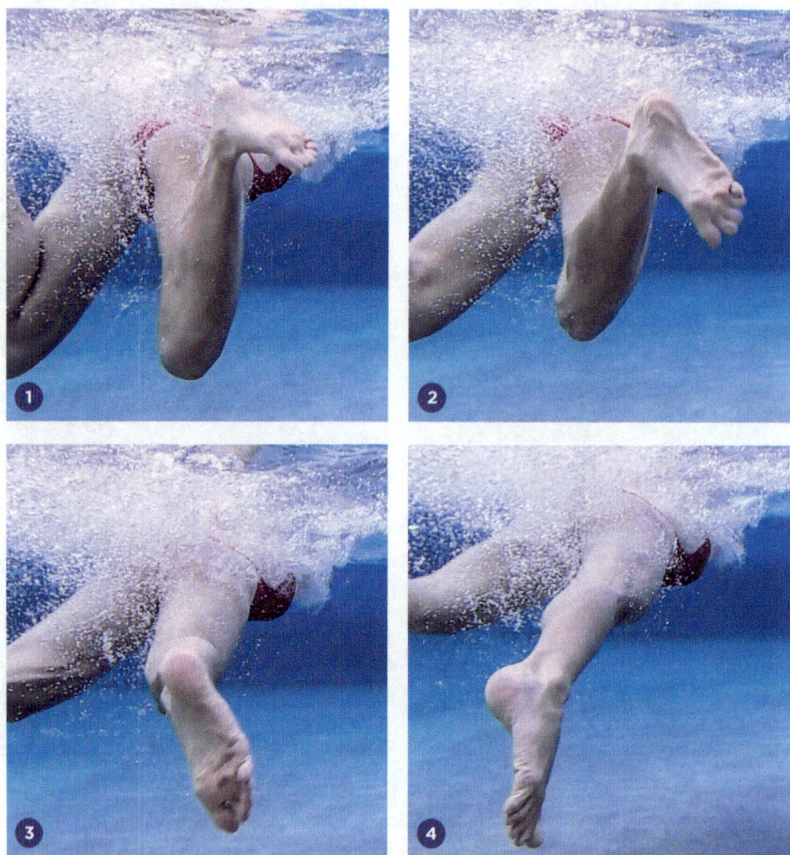

图7.7 劳拉在蛙泳蹬腿时尽可能一直保持屈踝，足底向后迎水。

足处于接近水面的高位，如第 1 帧中所示。当她划扫半圆向后蹬腿时，足部略微朝向下方，她并没有蹬腿回到水面的位置。

从后视图中也可以看到，劳拉保持屈踝（足底向后迎水），如第 1 ~ 3 帧所示，直到第 4 帧即将完成蹬腿动作时，她才伸直足部。最优秀的蛙泳选手都是保持屈踝，用足部尽可能地向后推水。直到双脚之间的距离与肩同宽，潜在的推进力已不复存在，游泳者再将双脚伸直，与小腿一起呈流线型。

划水时机和躯干动作

如果蛙泳选手采用正确的拉水和蹬腿路径，就能产生强大的推进力，体验到快速向前的速度感，但是，如果他们不能运用高超的肢体向前恢复技术，那么他们的努力就将事倍功半。厄尼·马格利索在他的书中用数字来说明蛙泳选手在划水的手臂和腿部恢复阶段的掉速程度。

> 世界级蛙泳选手和并不那么成功的蛙泳运动员之间存在的一个重要差异就来自于划水周期的这个阶段。在这个速度低谷阶段，顶级蛙泳选手的减速不会超过 1 米／秒，而且他们处于谷底的时间也不会超过 0.3 秒。而那些技术不熟练的蛙泳运动员在此谷底阶段通常要减速 1.5 米／秒甚至更多，在谷底滞留 0.4 ~ 0.6 秒之后，才完成腿部的恢复动作。

精英蛙泳选手通过掌握躯干动作和划水时机的技巧，在手臂和腿部的恢复阶段尽量减轻掉速程度和缩短掉速时长。让我们来学习他们的方法。图 7.8 显示了丽贝卡这位世界级选手的泳姿。

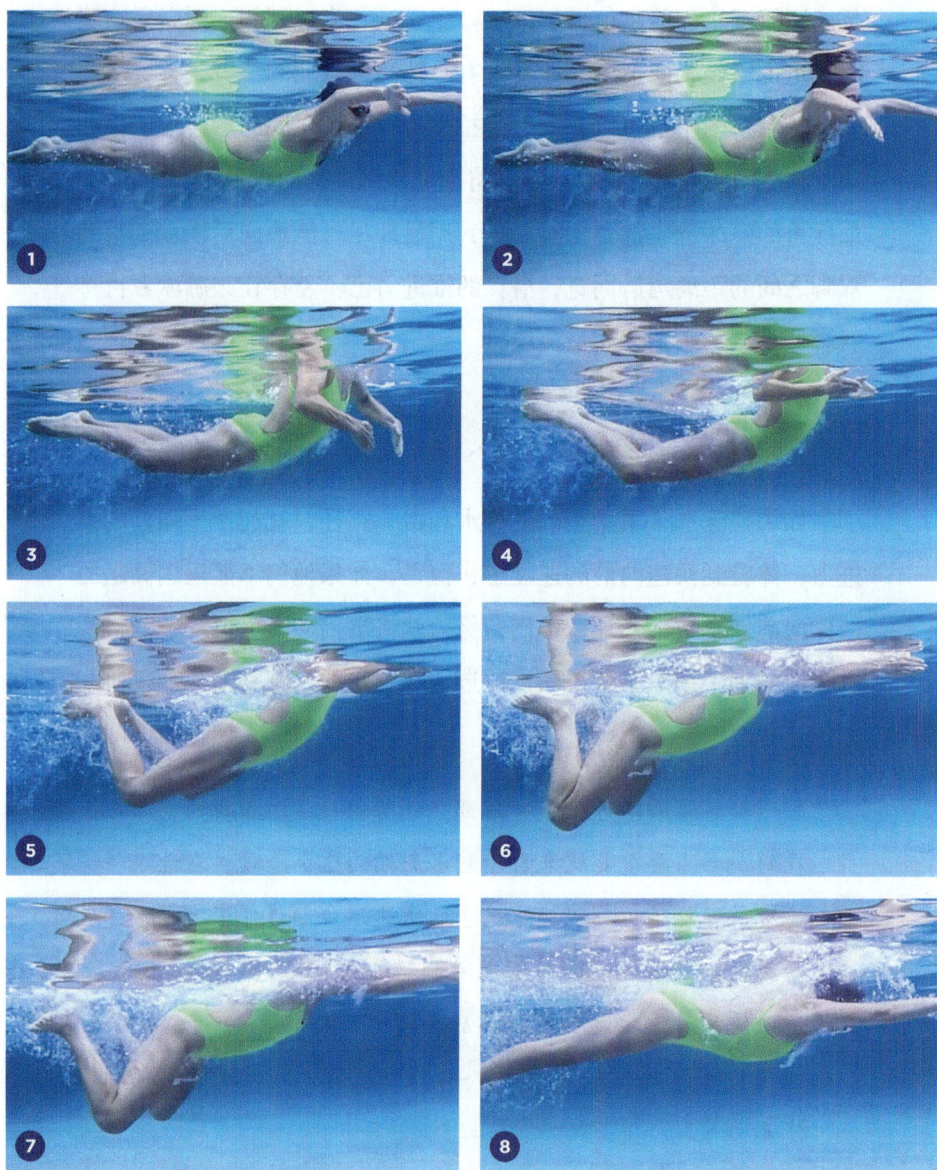

图7.8 丽贝卡运用复杂的躯干动作和划水时机的技巧，通过手臂和腿部来产生推进力，最大限度地减少水阻。

在第 1、2 帧中丽贝卡抓水，这样做的同时，她始终将躯干和腿部在身后保持流线型。直到她的双手向内划扫至与肩同宽（第 3 帧），她才开始准备蹬腿。在第 3 ~ 5 帧中丽贝卡屈膝，足部抬高靠近身体。注意在这几帧中，她并未屈髋，而是直到第 6 帧才开始屈髋，这时她的双脚正好即将向外翻转抓水（这就是我们在图 7.3 中，直到第 8 帧才在画面中看到她双腿的缘故）。直到最后一刻才屈髋，这对于减小水阻来说至关重要，那是因为，屈髋会造成大腿迎水前推。

丽贝卡之所以能够推迟屈髋，是因为她在内扫时将身体抬起至 45 度倾角，如第 3 ~ 5 帧所示。以这种方式抬起身体，可以使大腿在水中保持倾斜，这样她屈膝时双脚不会露出水面。水流经过 45 度倾斜的身体（第 5 帧）比在水中屈髋前推（第 6 帧）更加顺畅。这种划水的特点（通过身体倾斜来推迟屈髋）是蛙泳在过去几十年中用时显著下降的另一原因。在 20 世纪 70 年代的平直式蛙泳中，游泳者在划水周期中更早地屈髋，为的是避免在屈膝抬脚时足部露出水面。对于那些采用平直式泳姿的游泳者来说，他们的大腿在划水周期中更早也更长时间地遇到水阻，结果就是前进的动量显著降低。

在第 6 帧中，丽贝卡先将手掌 / 手臂向前伸展，然后才向后蹬腿。蛙泳选手在向后蹬腿时保持手臂和上半身呈流线型，以最大限度地利用腿部的推进力（如同他们在拉水时保持下半身的流线型，以最大限度地利用手臂的推进力）。丽贝卡一直保持流线型，直到蹬腿完成，如第 8 帧所示。

你在研究丽贝卡的侧面动作图时，注意看在所有图中，她的髋部均保持在水面位置。精英蛙泳选手在整个划水阶段始终保持髋部

图7.8的第4~6帧展示的就是厄尼·马格利索提到过的减速低谷。在这几帧中，手臂和腿部同时向前恢复，造成明显的阻力。所以，快速完成划水的这个阶段就很重要。精英蛙泳选手能够在很快的0.3秒内通过这个阶段。要做到这一点，他们要快速地抬脚和恢复手掌／手臂。在练习中不断提高这个划水阶段的速度，这样你就不必在这个低谷中停留太长的时间，即便慢0.1秒都是不必要的。

高位，并且在髋部附近沿短轴移动躯干。和蝶泳一样，在轴上的躯干动作应该使得身体向前。精英蛙泳选手能够感受到胸部和髋部相互连接，当头部和胸部在内扫时从水中抬出，髋部被向前推去。我们在前面已经提到了上身抬起所带来的好处，但是，如果蛙泳选手不能把向上运动与髋部的向前运动相衔接，那么这些好处也就发挥不了作用。当内扫和抬起上身时，要推动髋部向前。

同理，当手臂向前恢复时，头部和胸部要落回水面，如第6帧所示，将胸部、头部、手臂压向前方。不要让手掌向下潜入水中。注意丽贝卡在蹬腿（第6~8帧）向后压水时，她的头部和手掌／手臂笔直向前。

汇总：后视图

图7.9展示了丽贝卡泳姿的后视图。研究拉水和蹬腿的动作细节，要特别注意屈膝和屈髋的时机，如第6~9帧所示。本章的所有讨论内容均包含在这些图片当中。好好欣赏吧！

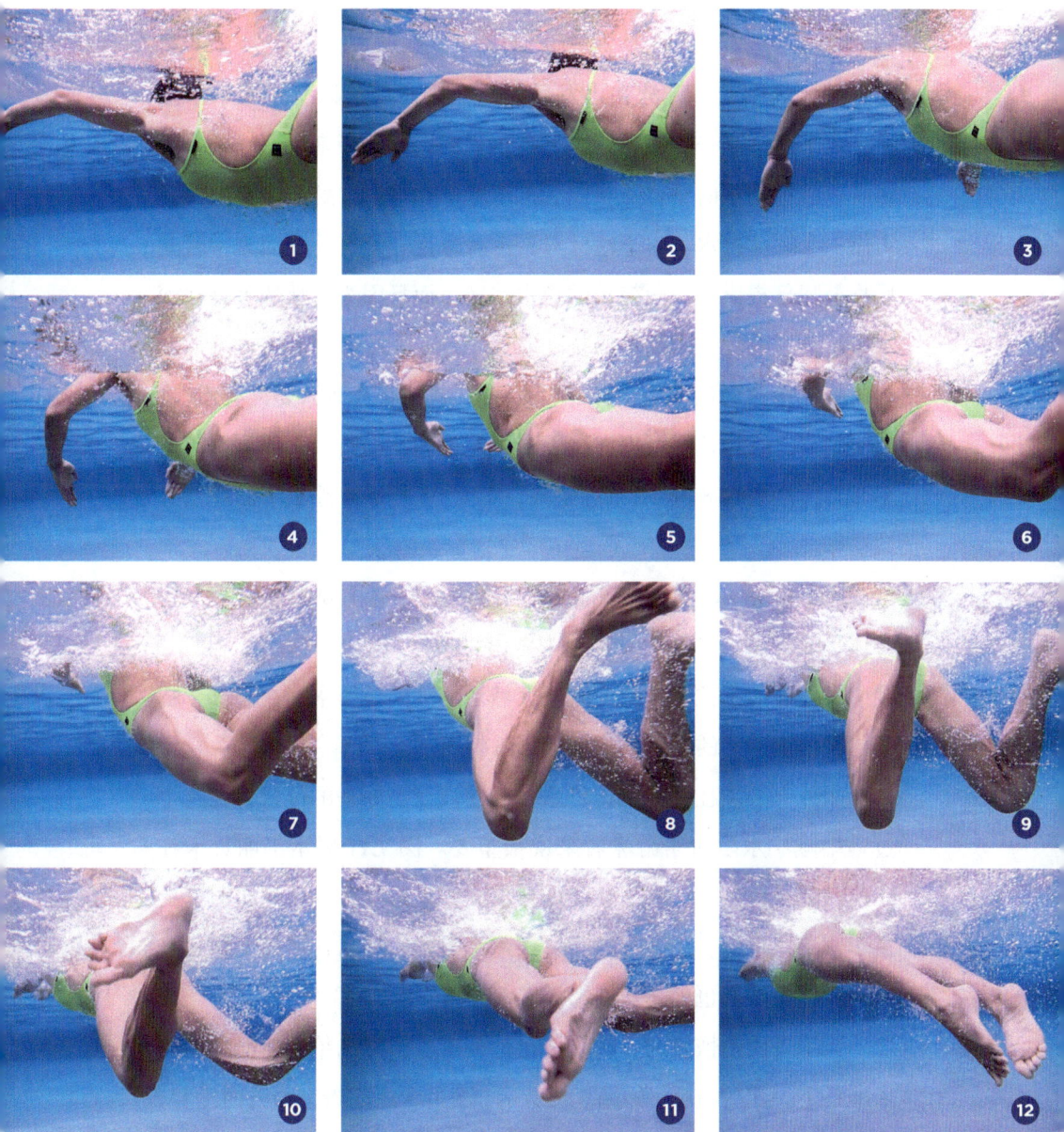

图7.9 从一个独特的视角观察丽贝卡的蛙泳动作。

水下潜泳

游泳规则允许蛙泳在出发后和每次转身后可以有一次水下潜泳。水下潜泳是一个完整的水下划水周期，可以带来以下好处：游泳者可以将划水的手臂一直向后推至腿部，可以在蛙泳蹬腿之外，再做一个蝶泳打水。水下潜泳对游泳者来说非常有益，因为手臂向后推至腿部提供了一段较长的拉水路径，而且因为蛙泳选手是在深水中游动，避免了水面上的扰动。

蛙泳游泳者的水下潜泳不受距离限制（而其他泳姿都有 15 米的限制），蛙泳选手可以在水下尽可能地向前滑行。大部分精英选手在转体后划行 8 ～ 10 米的距离，4 ～ 4.5 秒后才浮出水面开始蛙泳动作。

图 7.10 展示了丽贝卡的水下潜泳。她在第 1 帧中蹬壁后保持身体呈流线型，在第 2 ～ 4 帧中做出一个优美的抓水动作。在第 5 帧中，她经历了拉水的斜向阶段，然后继续向后压水，在髋部 / 腿部位置结束手臂的推进动作，如第 6 帧所示。

丽贝卡必须在身体侧边将手臂向前恢复至原来的位置，在这个过程中减小水阻对于游泳者来说很重要。图 7.11 展示了丽贝卡在向前恢复时，是如何将手掌 / 前臂滑动并贴近身体的。她将肘部夹紧于体侧，手掌 / 手臂保持为一条水平直线。同时，丽贝卡的目光朝下，使得头部也处于流线型姿势。

当手臂向前恢复时，脚踝 / 足部朝着身体方向抬起，同时屈髋来准备下一次的蹬腿，如第 3 帧所示。丽贝卡将朝着水面方向蹬腿，并开始划水。

图 7.10　丽贝卡强有力的水下潜泳。

图 7.11　丽贝卡的手臂向前恢复，尽可能贴近身体，然后朝着水面方向蹬腿。

在蛙泳选手水下潜泳的手臂划水阶段，他们被允许在任一时刻可以做一个海豚式蹬腿。一些精英蛙泳选手在拉水的早期阶段做海豚式蹬腿，而另一些选手则选择在完成阶段做海豚式蹬腿。图7.12展示了尼古拉斯在拉水完成阶段做的海豚式蹬腿。你知道这意味着什么：在向前恢复手臂和朝着水面蹬腿之前，他做了奋力一击动作。

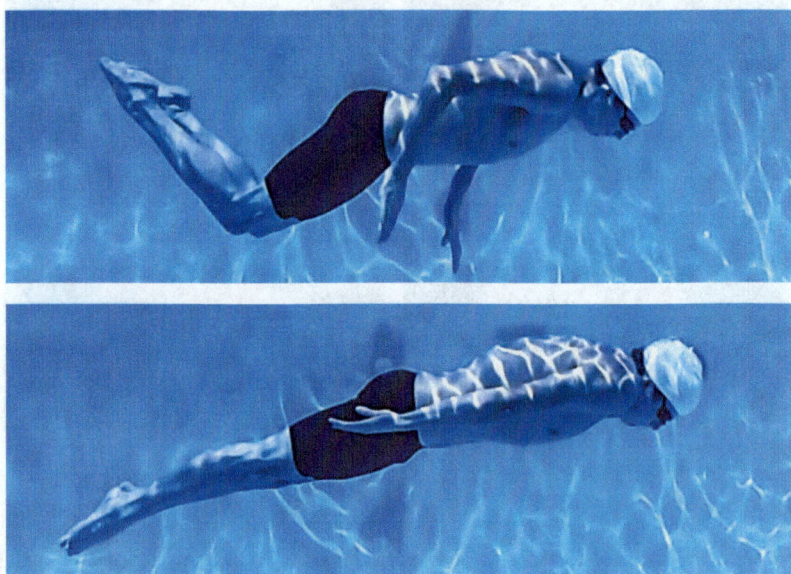

图7.12 尼古拉斯在水下手臂划水的完成阶段中，采用海豚式蹬腿。

训练练习

劳拉最喜爱的训练动作之一是将蛙泳的手臂动作与扑腾蹬腿动作相结合。在这项训练中，游泳者先做蛙泳的手臂拉水动作，随后做扑腾蹬腿动作（自由泳打水）。

劳拉喜欢这种训练，因为能够帮助她练习抓水动作，也能帮助她在沿短轴前移躯干时能够感受到胸部和髋部之间的连接。劳拉也认为这种训练能够加快划水的速度。

在这个训练中，在整个拉水阶段中要持续做稳定而不间断的扑腾蹬腿动作。图7.13的第1、2帧展示了劳拉在伸展和抓水时的扑腾蹬腿动作。她继续蹬腿经过内扫阶段（第3、4帧）和手臂恢复阶段（第5、6帧）。她的髋部在拉水的所有阶段均保持在水面，她的动作与正常的蛙泳一样，在短轴上移动躯干。她在内扫时抬起头部、胸部和肩膀，在此过程中向前推髋（第3、4帧），在手臂向前恢复时将胸部压回水中，手掌／手臂笔直地指向前方（第5、6帧），而不是向下潜入水中。

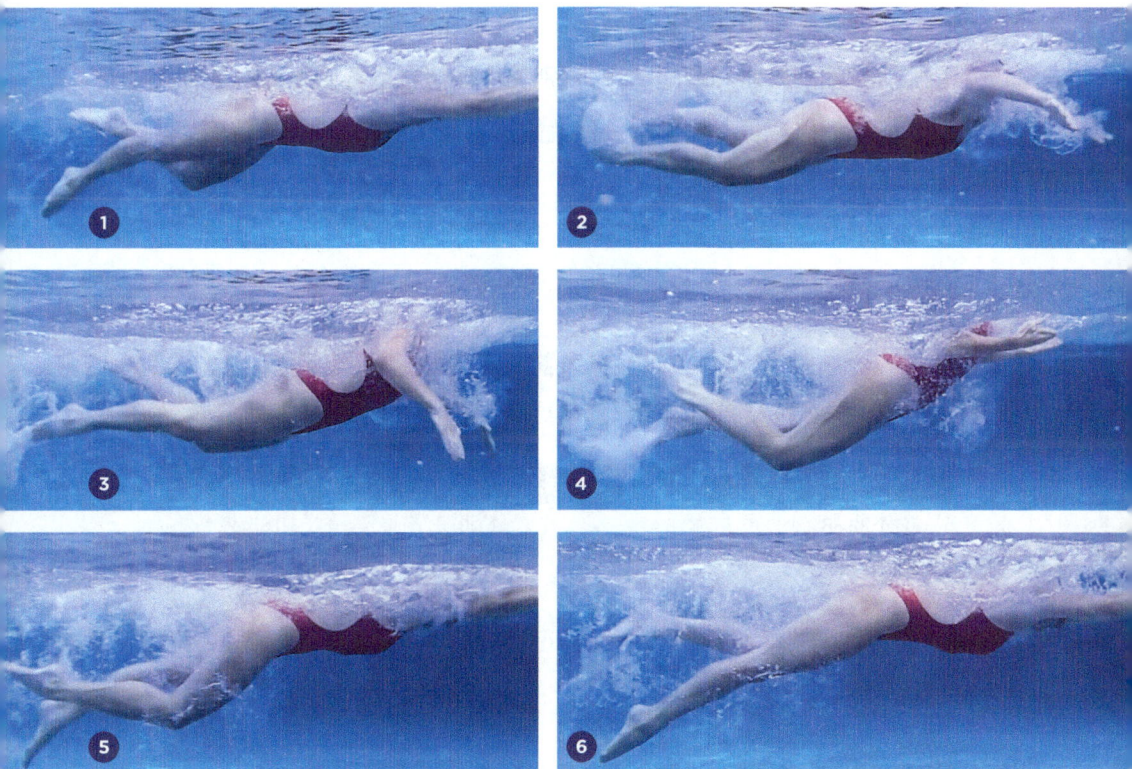

图7.13 劳拉喜爱的一项训练是蛙泳的手臂动作伴随着扑腾蹬腿动作。

蹬腿动作在她身后提供源源不断的推进力。这项训练也可教她如何在水中感受保持恒定的速度，而不是在手臂向前恢复时，陷入掉速低谷的陷阱当中。劳拉在完成这项训练后继续正常蛙泳，就会在划水的手臂和腿部恢复阶段中，非常敏锐地尽量减轻掉速程度和缩短掉速时长。

劳拉会快速做这项训练，一旦你掌握了该动作，在高速转身时也可以去试一试。即便你认为自己不是蛙泳选手，这项训练对于提高任何泳姿的强有力抓水能力也大有帮助。

———

基于这一理由，今天的精英蛙泳选手在以独特的方式游泳。结合你所学到的拉水和蹬腿动作，特别关注如何在手臂／腿部恢复时，尽可能降低掉速低谷的影响，你就能体验到毕生最好的蛙泳成绩，也不要忘了练习水下潜泳！

划水数据

尼古拉斯·芬克，2014年全美大学生体协第一赛区锦标赛

91.44米（100码）蛙泳，22.86米（25码）泳道
成绩：51.48秒（亚军）

距离（米）	划水次数（次）	划水周期（秒/次）	分段计时
第1个22.86	5	1.05	10.85秒
第2个22.86	7	1.07	23.99（13.14）秒
第3个22.86	7	1.07	37.50（13.51）秒
第4个22.86	8	1.07	51.48（13.98）秒

出发和转身数据
出发后潜泳的时长和距离：5.5秒，13.8米。
转身后潜泳的时长和距离：4.4秒，9.1~10.1米。
从手触壁到脚蹬壁的时长：0.75~0.85秒。

丽贝卡·索尼，2012 年伦敦奥运会

200米蛙泳，50米泳道
成绩：2分19.59秒（金牌、世界纪录）

距离（米）	划水次数（次）	划水周期（秒/次）	分段计时
第1个50	20	1.45～1.50	32.49秒
第2个50	21	1.45	1分8.10（35.61）秒
第3个50	22	1.35～1.40	1分43.95（35.85）秒
第4个50	26	1.25（1.15最后15～20米）	2分19.59（35.64）秒

出发和转身数据
出发后潜泳的时长和距离：5.7秒，10～11米。
转身后潜泳的时长和距离：3.8～4.1秒，7～8米。
从手触壁到脚蹬壁的时长：0.85～0.95秒。

劳拉·索加，2013 年全美大学生体协第一赛区锦标赛

182.88米（200码）蛙泳，22.86米（25码）泳道
成绩：2分5.41秒（第一名）

距离（米）	划水次数（次）	划水周期（秒/次）	分段计时
第1个45.72	12	1.45～1.50	27.99秒
第2个45.72	14	1.45～1.50	59.68（31.69）秒
第3个45.72	16	1.35	1分31.88（32.20）秒
第4个45.72	18	1.30	2分5.41（33.53）秒

出发和转身数据
出发后潜泳的时长和距离：5.7秒，11米。
转身后潜泳的时长和距离：4.0～4.1秒，7.3～8.2米。
从手触壁到脚蹬壁的时长：0.90～0.95秒。
注：每22.86米的划水次数为5、7、7、7、8、8、8、10。

卡梅伦·范德伯格，2012 年伦敦奥运会

100米蛙泳，50米泳道
成绩：58.46秒（金牌、世界纪录）

距离（米）	划水次数（次）	划水周期（秒/次）	分段计时
第1个50	18	1.2	27.07秒
第2个50	24	1.10～1.15	58.46（31.39）秒

出发和转身数据
出发后潜泳的时长和距离：5.0秒，14米。
转身后潜泳的时长和距离：4.2秒，9米。
从手触壁到脚蹬壁的时长：0.85秒。

丽贝卡·索尼，2009 年意大利罗马世锦赛

100米蛙泳，50米泳道
成绩：1分4.84秒（金牌、世界纪录）

距离（米）	划水次数（次）	划水周期（秒/次）	分段计时
第1个50	22	1.18	31.03秒
第2个50	24	1.18～1.22	1分4.84（33.81）秒

出发和转身数据
出发后潜泳的时长和距离：5.0秒，10米。
转身后潜泳的时长和距离：4.3秒，8米。
从手触壁到脚蹬壁的时长：0.93秒。

潘妮·哈尼斯，1996 年美国亚特兰大奥运会

100米蛙泳，50米泳道
成绩：1分7.73秒（金牌）

距离（米）	划水次数（次）	划水周期（秒/次）	分段计时
第1个50	22	1.20	31.65秒
第2个50	27	1.10	1分7.73（36.08）秒

出发和转身数据

出发后潜泳的时长和距离：5.5秒，10米。
转身后潜泳的时长和距离：3.7秒，7米。
从手触壁到脚蹬壁的时长：0.95秒。

自由泳

第8章
自　由　泳

　　在自由泳赛事中，游泳者可以任意选择泳姿。与蝶泳、仰泳和蛙泳不同，自由泳规则对划水动作没有任何限制。游泳者可以采用任何方式移动、定位、转动和扭动身体。

　　自由意味着速度。自由泳世界纪录比蝶泳和仰泳每百米平均要快5秒，比蛙泳要快12秒。

　　然而，尽管拥有如此自由的空间，无论是短距离冲刺选手还是长距离游泳选手，他们都采用同一划水姿势，这种姿势直到今天仍被认为是人体在水中最快的前进方式：手臂交替，配合腿部剪式打水，身体位于胸部高度，躯干沿长轴转动。

　　除了自由这一点，自由泳还提供了一些变化。在每届奥运会中，蝶泳、仰泳和蛙泳都仅有两项个人比赛（100米和200米），但是自由泳则有7种比赛形式：50米、100米、200米、400米、800米和1 500米泳池比赛，以及10千米开放水域比赛。

谈到自由泳，每位游泳者都有一些知识需要掌握。在本章中，我们会观察一些世界级中长距离（从 200 米到 10 千米）选手在泳池和开放水域的自由泳技术，他们分别是阿什利·惠特尼、彼得·范德卡伊、安德鲁·格梅尔。在附录中，通过分析世界上游得最快的男子短距离选手——弗拉基米尔·莫罗佐夫的泳姿，我们会看到自由泳的"直臂"技术。

自由泳规则

自由泳比赛必须遵守3条规则，这些与游泳者的身体动作无关。

1. 游泳者在转身和到达终点时，身体的某一部位必须触到池壁。

2. 游泳者在整场比赛过程中，身体的某一部位必须露出水面（除了在第一个15米距离内，游泳者可以潜入水中）。

3. 在个人混合泳比赛或混合泳接力赛的自由泳部分，游泳者不能使用蝶泳、仰泳或蛙泳泳姿（游泳者在单项自由泳比赛中则可以使用蝶泳、仰泳或蛙泳泳姿）。

拉水方式

在自由泳中，运动员可以自由地选择以任何方式来移动四肢；然而，在这里给出的是所有优秀的中长距离自由泳选手都会选择的曲线拉水方式。

图 8.1 展示了彼得的右臂划水动作，从伸展一直到划水的完成阶段。在第 1 帧中，他将右臂伸过头顶，置于肩膀的正前方，然后

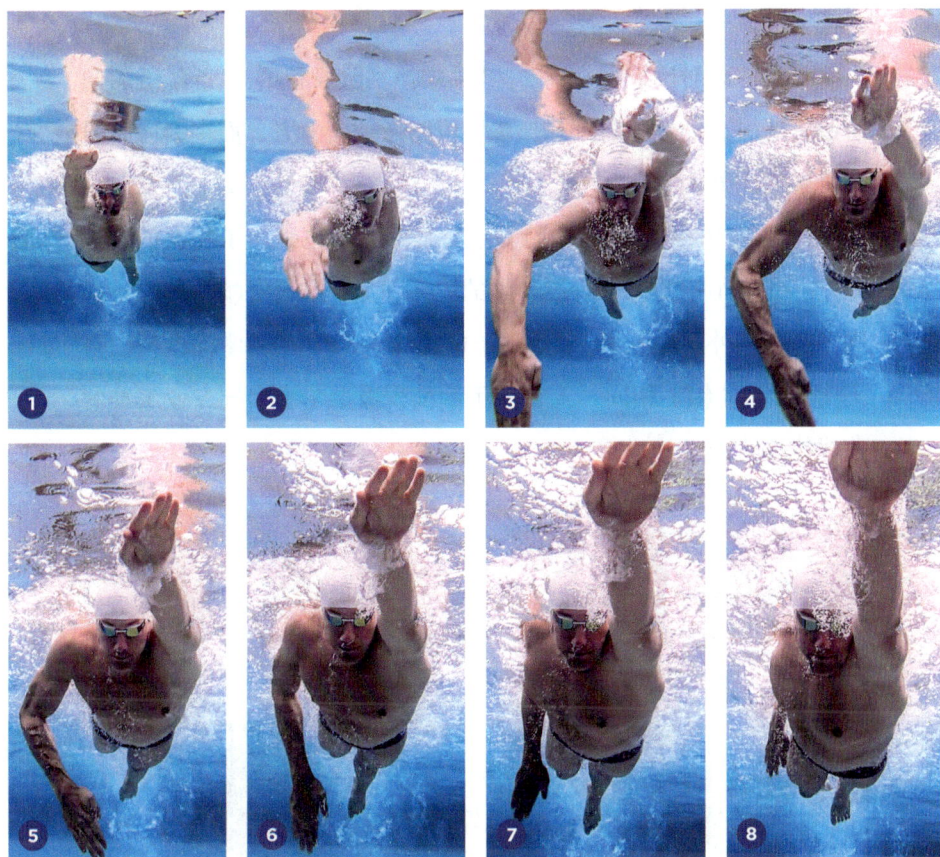

图 8.1 彼得·范德卡伊的自由泳曲线拉水路径。

开始抓水动作,如第 2、3 帧所示。第 3 帧显示彼得完全进入抓水阶段,他的上臂与肩同宽,屈肘朝上,手掌和前臂向后迎水。

彼得从第 4、5 帧的斜向阶段一直到第 6～8 帧的完成阶段,始终保持着上肢向后迎水。注意从第 3、4 帧的斜向阶段过渡到第 5、6 帧的完成阶段时,彼得是如何调整手掌倾角的。这种倾角的变化非常细微,但却很重要,因为它引导着上肢移动至邻近的静止水体,延长推进划水的路径,最终使得升力和阻力的合力可以被用来驱动身体向前。

还要注意对比彼得在第 2、3 帧的抓水阶段和第 4、5 帧的斜向阶段中的肘部动作。肘部在抓水阶段略微朝向上方，而在斜向阶段则略微朝向外侧。

图 8.2 中的阿什利划水特写照片显示，她也采用了相同的技术动作。在第 1 帧的抓水阶段，她的肘部朝上，在第 2 帧的斜向阶段则是肘部朝外。注意第 2 帧的斜向阶段，阿什利的手掌倾角与彼得（图 8.1 第 4 帧）相同。上臂和手掌都积极参与了引导专业水准的曲线拉水路径。

图 8.2 阿什利·惠特尼在抓水阶段（第 1 帧）肘部朝上，在斜向阶段（第 2 帧）肘部朝外。

再回到图 8.1，彼得在靠近髋部的位置完成拉水推进路径（第 7、8 帧）。我们很难从正面视角观察到，在划水的完成阶段彼得的手臂并不是伸直的，而是屈臂向后压水。从图 8.3 的水上视角可以清

图 8.3　在自由泳划水的完成阶段，安德鲁·格梅尔始终保持屈臂。

晰地看到，在划水的完成阶段，安德鲁手掌/前臂向后压水，上臂抬出水面，在这期间他始终保持屈臂。

手掌加速

还记得我们在第2章中讲到，培养高超的水感需要在拉水循环过程中提高手掌速度（也就是手掌力量）。抓水阶段的手掌速度是整个划水过程中最慢的，而在完成阶段的手掌速度则最快。精英游泳选手在划水的完成阶段加速向后推水。

划水时机和躯干动作

精英自由泳选手需要以几乎同样的方式沿长轴控制手臂和躯干。图 8.4 展示了彼得在整个划水循环中的划水时机和躯干动作。

在第 1 帧中，彼得右臂向前伸出的同时，左臂完成一个拉水循环（左臂在图中不可见）。注意观察伴随着左臂的完成动作，他的髋部顺势向上转向左侧，但是他的右臂、肩膀和上身都向前伸展。身体右侧向前伸展并非转动，是为给抓水动作积蓄足够的能量。

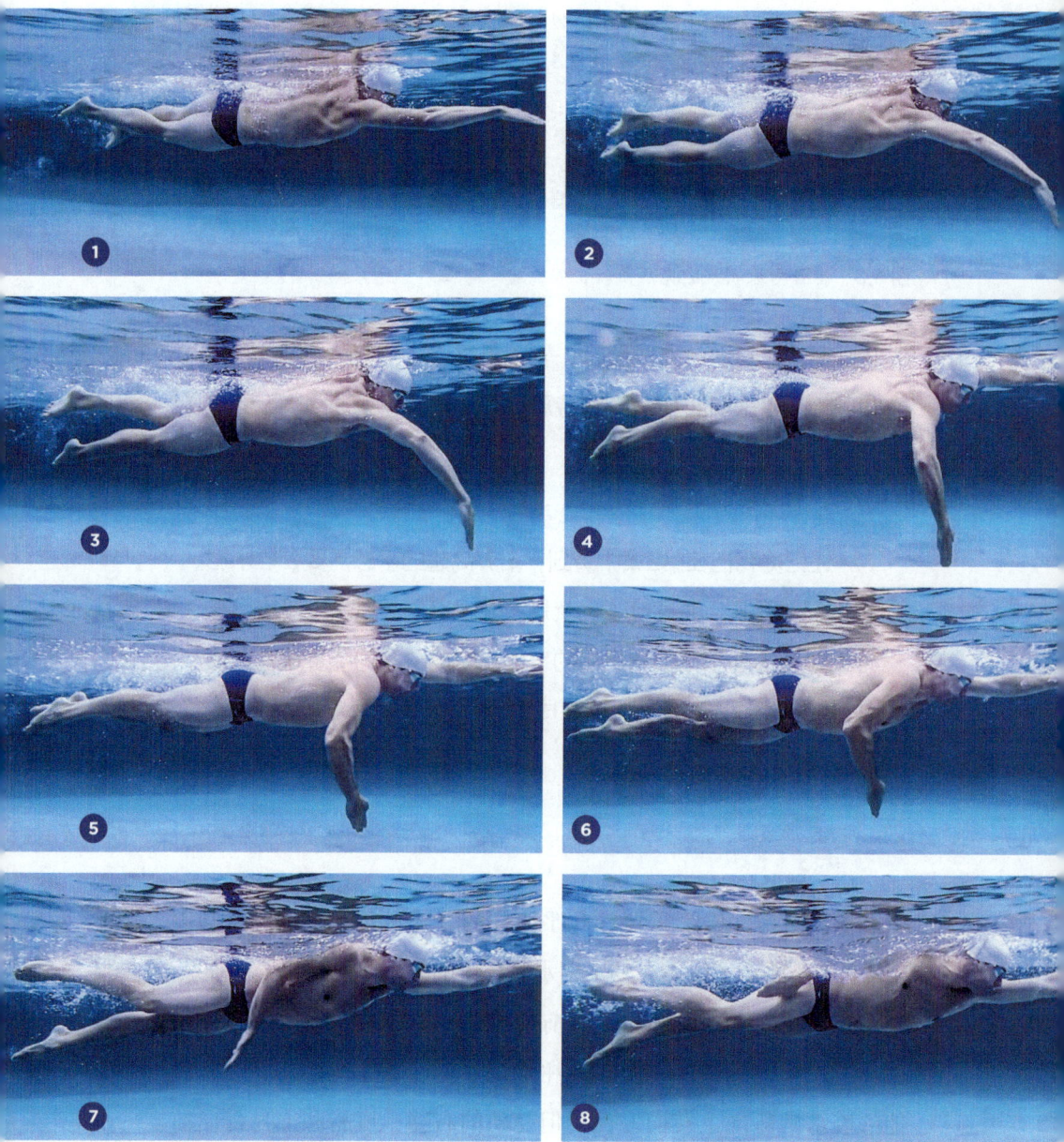

图8.4 彼得沿长轴驱动躯干，配合手臂的划水。

第 2 帧展示的是彼得开始将右手／手臂向后迎水，进行抓水动作，他的髋部开始向反方向转动。当抓水动作形成后，他开始转髋。如第 8 帧所示，彼得在划水过程中，持续沿着长轴转髋，随着手臂的划水顺势做长轴转髋动作。

这张图也为我们展示了精英自由泳选手的手臂划水时机。彼得在第 3 帧中处于拉水循环最关键的抓水阶段。他的手掌／前臂直接向后迎水。在此图中我们还可以看到他的左手入水，划水循环的这个时刻在游泳术语中被称为"游泳的前象限"。两臂都位于头部前方——划水的前象限阶段，而不是在后象限的靠近髋部／腿部的位置。在前象限阶段，游泳者的上半身必须拥有强大的核心力量来保持长轴上的平衡。

图 8.5 从头顶视角展示了在划水循环的前象限阶段，彼得和阿什利的核心力量和手臂划水时机。左手入水时，右臂处于完全抓水

图 8.5 在前象限阶段，彼得（第 1 帧）和阿什利（第 2 帧）在双臂沿相反方向追臂的同时，保持长轴上的躯干平衡。

状态（可以看到阿什利的指尖刚刚入水）。双臂均位于头部前方，沿相反方向运动，躯干轻微地斜向扭转，而不是向身体一侧倾斜。当头部前方的双臂在反方向运动时，需要强大的力量来保持身体在长轴上的平衡。

再来回顾图 8.4，第 4 ~ 8 帧显示了在前象限阶段，双臂一旦交叉，彼得的右臂经历了划水的斜向阶段和完成阶段，而左臂则在水面上向前伸展。

巨大的划桨

仔细观察图8.4中彼得的前臂和手掌的位置关系。在每帧中，他的手腕总是保持平直，手掌和前臂呈一条直线。他将上肢当作一只巨桨，抵抗着升力和阻力。

打水动作

自由泳选手在划水循环中的打水次数都不尽相同。他们可以在划水时采用 2 次、4 次、6 次打水。2 次打水即在每个完整的划水循环过程中打水 2 次（每条腿各打水 1 次），6 次打水即打水 6 次（每条腿各打水 3 次）。在每个划水循环中打水次数越多，腿部提供的推进力也就越大。

要想达到最快的速度，6 次打水是必不可少的。游泳者若是想在短距离赛事（50 米和 100 米）的激烈竞争中拿到名次，就必须采用 6 次打水。绝大部分的中距离（200 米、400 米）比赛选手同样也采用 6 次打水，不过，在有些长距离（800 米、1 500 米、开放水域的 10 千米）比赛中，有些选手为了节省体能，会在部分赛段采用推进力较小的 2 次或 4 次打水，但是，他们中间最优秀的选手清楚地知道在需要高速游泳时，应该在何时以及如何在划水过程中运用 6 次打水技术。

开放水域的游泳者应该知道怎样在比赛开始阶段采用 6 次打水来摆脱拥挤的人群，在比赛的中途拉开距离，以及在终点进行冲刺。不懂得这些技巧的运动员就只能落后于那些有能力打水达到更高游速的选手了。

无论游泳者采用的是 2 次、4 次或 6 次打水，所有的自由泳选手都有一次共同的打水——奋力一击。图 8.6 展示了彼得的奋力一击。他在右手完成划水抬出水面时，右腿向下打水。

图 8.6 彼得在右手完成拉水的奋力一击时，右腿向下打水。

　　6次打水都发生在划水循环中的特定时刻，以下给出了每次打水发生的时刻。

　　第1次打水：当右臂伸展时，左腿打水。

　　第2次打水：当右臂抓水时，右腿打水。

　　第3次打水：当右臂斜向移动时，左腿打水。

　　第4次打水：奋力一击——当右臂划水完成时，右腿打水。

　　第5、6次打水：当手臂在水面恢复时，左腿打水1次，然后右腿打水1次。

　　当右臂伸展进入下一次划水动作时，这套循环重新开始。

　　在本章的图片以及附录中弗拉基米尔·莫罗佐夫的泳姿中，将能够看到6次打水的时机。建议所有游泳者都学习6次打水的时机，包括长距离游泳选手、开放水域游泳选手以及铁人三项运动员。这样，选手在比赛中需要提速时，就能够切换到更高的配速。

换气

　　一些优秀的游泳选手在单侧换气，而另一些则采用两侧交替换气。选择单侧换气或两侧换气并不重要，重要的是正确的技术动作。

　　换气动作结合了头部的转动和躯干在长轴的转动。图8.7展示了阿什利在右侧换气的动作。她在第1帧中，右手抓水，头部不动，在此时她还没有转身换气。在第2～4帧中，从划水的斜向阶段到完成阶段，阿什利的头部逐渐转向右方，注意同时伴随有躯干的转

图 8.7　阿什利转动头部进行换气，同时伴随着躯干的转动。

动。她的换气时机就在躯干右转之时。

　　图 8.8 从水上视角显示了阿什利的吸气动作。注意看她并没有抬头动作。她在侧转时头部仍平置于水中。换气时并不需要将头抬起，那是因为，水的尾流在嘴边形成了一个小气团。

图 8.8　阿什利在手臂的划水完成阶段进行换气。

图 8.9　阿什利在左臂向前恢复时，在左侧换气之后头部重新埋入水中。

换气结束后，头部重新埋入水中，这时躯干向另一侧转动，换气一侧的手臂向前恢复，如图 8.9 中阿什利的泳姿所示。

在本章有关换气的所有图片中，要注意阿什利在换气时始终保持着完美的划水姿势。正是这种良好的姿势，使得她的前进速度并不会受换气影响。

训练方法

追手练习是彼得喜欢的训练动作之一。他利用这种方法来练习在抓水时手掌／手臂的定位，这可以帮助掌握恰当的划水时机。在手臂向后压水之前，就要养成良好的手臂定位的习惯，这对于培养如何掌握本章前述的前象限时机非常重要。追手练习能够放大这部分划水动作的训练效果，这种练习能够提醒游泳者在手掌入水后不要立即向后拉水，而是应该将上肢置于头顶再去抓水。

在进行训练时，按照正常的方式游自由泳，但是保持向前伸展的手掌／手臂（在头部前方）一直处于伸展状态，直至另一只手臂完成划水循环并且"追上"伸展的手掌／手臂。一旦划水臂追上等待臂，等待臂就开始进入抓水动作，并且拉水通过。在泳池中双臂交替练习。追手练习的主要关注点是在向后压水之前，要先定位上肢的位置。

图 8.10 展示了彼得的追手练习。在第 1 帧中，他保持右臂在头部前方的伸展位置，直到左臂完成划水循环并追上右臂。在第 2 帧中，他专注于用右臂，完成一次完美的抓水。注意他在抓水时，手臂位于头部前方较远的位置。他在上肢定位时并没有向后拉水，

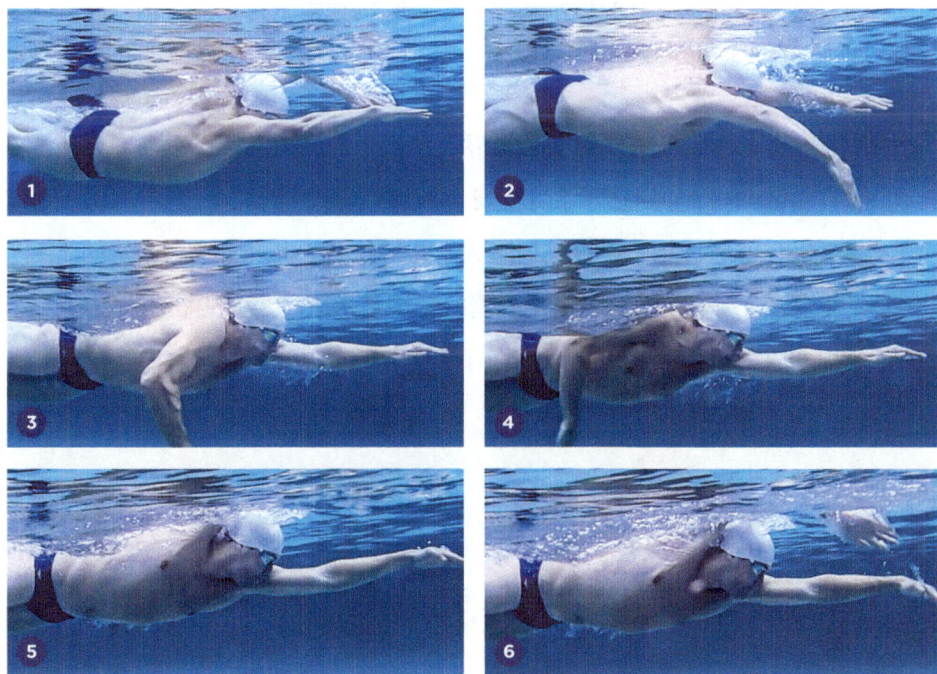

图 8.10 彼得在追手练习中，先进行抓水定位，再向后拉水。

这一点对于精确的划水时机非常关键。第 3、4 帧中展示了彼得在抓水后的拉水动作，他的左臂一直保持伸展的姿势，直到在第 6 帧中被右臂追上，然后，彼得的左臂开始抓水并向后拉水。

追手练习在手臂处于前象限阶段时，要求运动员在长轴能够保持平衡，这也能帮助运动员加强上半身的力量。注意在第 1、2、6 帧中，当彼得的手臂在头部前方时，他需要很强的控制力和力量来让上半身在长轴保持平衡。他从不会向一侧倾翻。在转髋时，他伸展的手臂（第 1 帧中的右臂，第 6 帧中的左臂）贴在脸颊／下巴一侧，为身体提供了稳定而平衡的平台。

追手练习是经典的练习动作，我所认识的所有精英游泳选手都将它列入日常训练当中。将它运用到你的练习中，并设定一个宏伟的目标——训练良好的抓水动作、划水时机和躯干力量／平衡。

—

在本章中，我们已经看到世界上最优秀的运动员在自由泳允许的自由范围内，如何选择手臂和身体的动作方式。但最终你要记住，你可以自由地选择任何方式到达泳池的另一端。也可以跳出固有的思维模式，例如我们在附录中看到的弗拉基米尔·莫罗佐夫的泳姿。升力和阻力将任由你来支配。好好享受吧！

划水数据

蔡斯·卡利什，2014 年全美大学生体协第一赛区锦标赛

365.76米（400码）个人混合泳，22.86米（25码）泳道
成绩：3分34.50秒（全美大学生体协纪录、全美纪录）
自由泳分段计时：50.93秒

距离（米）	划水次数（次）*	划水周期（秒/次）	分段计时
第1个22.86	7.5	1.35	无数据
第2个22.86	7.5	1.35	25.77秒
第3个22.86	8	1.35	无数据
第4个22.86	8	1.35	50.93（25.16）秒

*划水次数按一个完整周期来计。

出发和转身数据
出发后潜泳的时长和距离：无数据。
转身后潜泳的时长和距离：1.7秒，4.6米。
从手触壁到脚蹬壁的时长：1.1～1.5秒。

米西·富兰克林，2014 年全美大学生体协第一赛区锦标赛

4×182.88米（200码）自由泳接力，22.86米（25码）泳道
接力分段计时：1分40.08秒

距离（米）	划水次数（次）*	划水周期（秒/次）	分段计时
第1个45.72	14	1.2	23.01秒
第2个45.72	15.5	1.3	48.39（25.38）秒
第3个45.72	16	1.3	1分14.40（26.01）秒
第4个45.72	16.5	1.25	1分40.08（25.68）秒

*划水次数按一个完整周期来计。

出发和转身数据
出发后潜泳的时长和距离（接力之后）：3.0秒，9.1米。
转身后潜泳的时长和距离：2.2秒，5.5米。
从手触壁到脚蹬壁的时长：0.90～1.20秒。
注：每22.86米所用的划水次数为6、8、7.5、8、8、8、8、8.5。

彼得·范德卡伊，2008 年北京奥运会

4×200米自由泳接力，50米泳道
接力分段计时：1分44.68秒（金牌、世界纪录）

距离（米）	划水次数（次）*	划水周期（秒/次）	分段计时
第1个50	14	1.55	
第2个50	15	1.55	
第3个50	16.5	1.4	
第4个50	17.5	1.35~1.38	1分44.68秒

* 划水次数按一个完整周期来计。

出发和转身数据
出发后潜泳的时长和距离（接力之后）：3.6秒，11米。
转身后潜泳的时长和距离：2.8秒，8米。
从手触壁到脚蹬壁的时长：1.10秒。

艾莉森·施米特，2012 年伦敦奥运会

200米自由泳，50米泳道
成绩：1分53.61秒（金牌、奥运会纪录）

距离（米）	划水次数（次）*	划水周期（秒/次）	分段计时
第1个50	16.5	1.35~1.40	27.18秒
第2个50	18	1.35~1.40	55.38（28.20）秒
第3个50	19	1.35	无数据
第4个50	20	1.35	1分53.61秒

* 划水次数按一个完整周期来计。

出发和转身数据
出发后潜泳的时长和距离：4.1秒，10米。
转身后潜泳的时长和距离：2.7秒，7米。
从手触壁到脚蹬壁的时长：1.10~1.30秒。

内森·艾德里安，2012年伦敦奥运会

100米自由泳，50米泳道
成绩：47.52秒（金牌）

距离（米）	划水次数（次）*	划水周期（秒/次）	分段计时
第1个50	16.5	1.15～1.20	22.64秒
第2个50	19	1.15～1.20	47.52（24.88）秒

* 划水次数按一个完整周期来计。

出发和转身数据
出发后潜泳的时长和距离：3.4秒，11米。
转身后潜泳的时长和距离：2.5秒，7米。
从手触壁到脚蹬壁的时长：1.05秒。

陶米娜的经典选择

马克·斯皮兹，1972年慕尼黑奥运会

100米自由泳，50米泳道
成绩：51.22秒（金牌、世界纪录）

距离（米）	划水次数（次）*	划水周期（秒/次）	分段计时
第1个50	19	1.10～1.15	无数据
第2个50	22.5	1.10～1.15	51.22秒

* 划水次数按一个完整周期来计。

出发和转身数据
出发后潜泳的时长和距离：2.5秒，7米。
转身后潜泳的时长和距离：1.0秒，3～4米。
从手触壁到脚蹬壁的时长：无数据。

后 记
专业技术的运用

在回顾本书的所有章节后，你肯定很想知道是否有可能将世界最优秀游泳选手的技术运用到你自己的泳姿当中，我很高兴地告诉你，答案是绝对肯定的。你所看到的精英选手的划水技术是基本的核心。这些就是世界各地的游泳教练在泳池边上传授的技术，无论对那些夏季联赛队的 6 岁初学者，还是全年参加竞技比赛的年龄组团队，或是既包括初学者又包括游泳老将的一个大师团队。世界顶级的游泳选手正好成为我们所有人最理想的示范者，因为他们的基本功都非常好。

这也并不是说，你能很容易掌握你所读到的内容。在你把从本书中学到的技术付诸实践时，要牢记以下几点。

- **动作幅度。**你可能缺乏精英游泳选手所具有的动作幅度，特别是如果你刚刚开始学游泳，或是年事已高，或是肌肉发达。如果你的动作幅度达不到，也不必担心。在你力所能及的范围内练习。即使灵活性差一些，你仍然可以在合适的技术范围内运动。许多精英选手练习瑜伽和普拉提来增加灵活性和力量。如果你认为增加一定的动作幅度范围有助于你掌握一个特定的动作，你也可以考虑参加一些这类课程，或是自己设计拉伸项目。

- **动作的简单与复杂。**游泳划水动作的某些方面比其他动作更难做到。你可以将划水动作简化调整，比如在仰泳的恢复阶段采用直臂（而不是屈臂），这样一开始容易做到，接下去的几周内应该让它变为你永久泳姿记忆的一部分。然而，对于那些更为复杂的技术方面，比如我们在优秀游泳选手的泳姿中看到的手臂、腿部和躯干衔接的完美时机把握，则要另当别论。这些需要更长的时间和更大的毅力。即便无法很快掌握，也不应放弃泳姿中那些更为复杂的方面。坚持下去，你付出的努力一定会有所回报。

- **技术强化的重复性。**记住在所有泳姿中完成一个划水周期需要 1.0 ~ 2.5 秒（快速游 1.0 秒，放松游 2.5 秒）。因此，任何你希望做出的改变要么是在每 1.0 ~ 2.5 秒内得到重复强化，要么就毫无用处。不要被这一点吓倒。让我们将其视为每一两秒钟就能磨炼一次技术的好机会。要记住，泳姿练习的设计就要使这个过程可控。许多练习动作在 3 ~ 4 秒 / 次的游速下效果最好，如果需要做出正确的动作，甚至更慢。

- **先决条件。**可能有必要先练习泳姿的部分，再继续其他部分的练习。如果你读过我的第一本书，你就会知道我非常热衷于首先训练水下划水拉水模式。我不会告诉你在这里练习什么，但是请记住，如果你的泳姿有一点不对劲，那么其中根本的原因可能来自你在泳姿部分的技术。

- **体能和力量的基本水平。**本书的每一位读者都处在他游泳生涯和整体身体健康的一个特殊的节点。如果你已多年不做运动，刚开始恢复运动健身，在期望游出良好的泳姿之前，你可能首先需要达到体能和力量的基本水平。奥运选手罗迪·盖恩斯甚至都说过，保持力量对于他抱水的能力至关重要。他在 54 岁时发现，每周数次 20 分钟的举重训练有助于他保持类似于巅峰状态的泳姿。

- **心态和决心。**泳姿的提高取决于你做出改变的决心，以及你投入训练的注意力。掌握泳姿的改变既是身体上的努力，也是精神层面的努力。当精英选手遇到有价值的信息，他们会如获至宝。他们拥有这些信息，很少需要教练来提醒他们。最重要的是，他们意识到，好事不会在一夜之间发生；为了从中获益，他们耐心地忍受泳姿提高过程中的尴尬阶段。良好的精神状态和深思熟虑的心态，比其他任何事情都能帮助你提高泳技。

有 3 个词很好地总结了怎样才能做到像冠军一样开始游泳的旅程：注意力、力量和毅力。

我们不需要成为超级英雄去模仿游泳高手的技术，良好的泳姿对于每个人来说都是力所能及的。即便有些人只是为了好玩，或是抱着锻炼的目的来游泳，练习本书中的泳姿也是完全合理的。你会发现以前从不知晓的三维动作，你还可能发现自己对某种以前从未尝试过的泳姿颇具天赋。

　　我希望本书中那些精英选手的泳姿照片能够带给你启发和信息，依照他们的泳姿进行有目的的刻意训练，你将会掌握游泳这项复杂的体育运动。

附录 A
开放水域赛事的观察技术

开放水域的游泳选手必须在湖泊、河流和海洋中长距离前行，没有泳池中的泳道线，或水底的黑色瓷砖线，来引导出一条笔直的路线。在开放水域赛事中，他们依赖那些用于标志比赛线路的色彩鲜艳的大浮标；而在日常训练中，他们则利用岸上的某一地标来作为指引。在这两种情况下，游泳者都必须从水中抬头来观察浮标或地标。

从水中抬起头，如果动作不正确，会中断游泳划水的流畅性，而当游泳者意识到这样的中断，他们就倾向于减少观察次数。他们或是依靠游在前面的选手双脚打出的气泡，或者假定自己是在沿一条足够笔直的线路前进。这两个决策都有很高的风险，游泳者会游偏航线，在长距离的游泳中增加不必要的额外里程。

若想要尽可能笔直地从一个浮标游到下一个浮标，而避免中断游泳划水的流畅性，游泳运动员必须做以下两件事。

- 经常观察（即便是尾随在另一位游泳者身后）。
- 运用高超的技术来进行观察。

开放水域的精英游泳选手每完成4~6个完整的划水周期就会观察一次。即便那些拥有最平衡泳姿的选手，以及那些在泳池中很容易游成直线的选手，在开放水域中由于受到波浪、水流、一般的水花和微小的划水失衡等因素的影响，都会偏离路线。通过经常的观察，运动员对游泳路线进行微小的调整，而不会游到错误的方向。精英选手甚至在尾随其他游泳者时，也不时地观察来确保前面的人游的是最直接的路线。由于水况的不同，以及其他竞争对手所产生的湍流所引起的"洗衣机"效应，运动员在几个划水周期后，可能会被推离尾随的位置。

　　精英选手能够经常观察，而不对游速产生负面影响，那是因为他们在换气过程中天衣无缝地加入了观察动作。正确的观察技术是抬头看一眼，然后转头换气。换气的时机和技术与自由泳章节中的正常换气方式相同。观察动作发生在换气动作之前的那一瞬间。

　　图A.1显示了安德鲁·格梅尔的观察动作，然后转向右侧换气。为了清晰地展示技术，照片是在泳池中拍摄的，运动员将同样的技术应用在开放水域中。当安德鲁在第1~3帧中右臂伸展和抓水时，他抬头观察。他抬起的高度刚好使得眼睛露出水面。没必要将头抬得更高，因为在观察动作中并不换气。运动员在观察时保持下巴在水中，这样髋部就不会下沉。

　　先观察，再换气。第4、5帧显示安德鲁在抬头观察后，无缝地进入右侧换气动作。换气的时机与自由泳章节中学到的换气时机相同。安德鲁在头部右转的同时，身体沿长轴右转，右臂完成划水动作的后半段。

　　在第6帧中，安德鲁的手臂在水上向前恢复时，他将头部重新埋入水中，如同一次正常的自由泳换气。

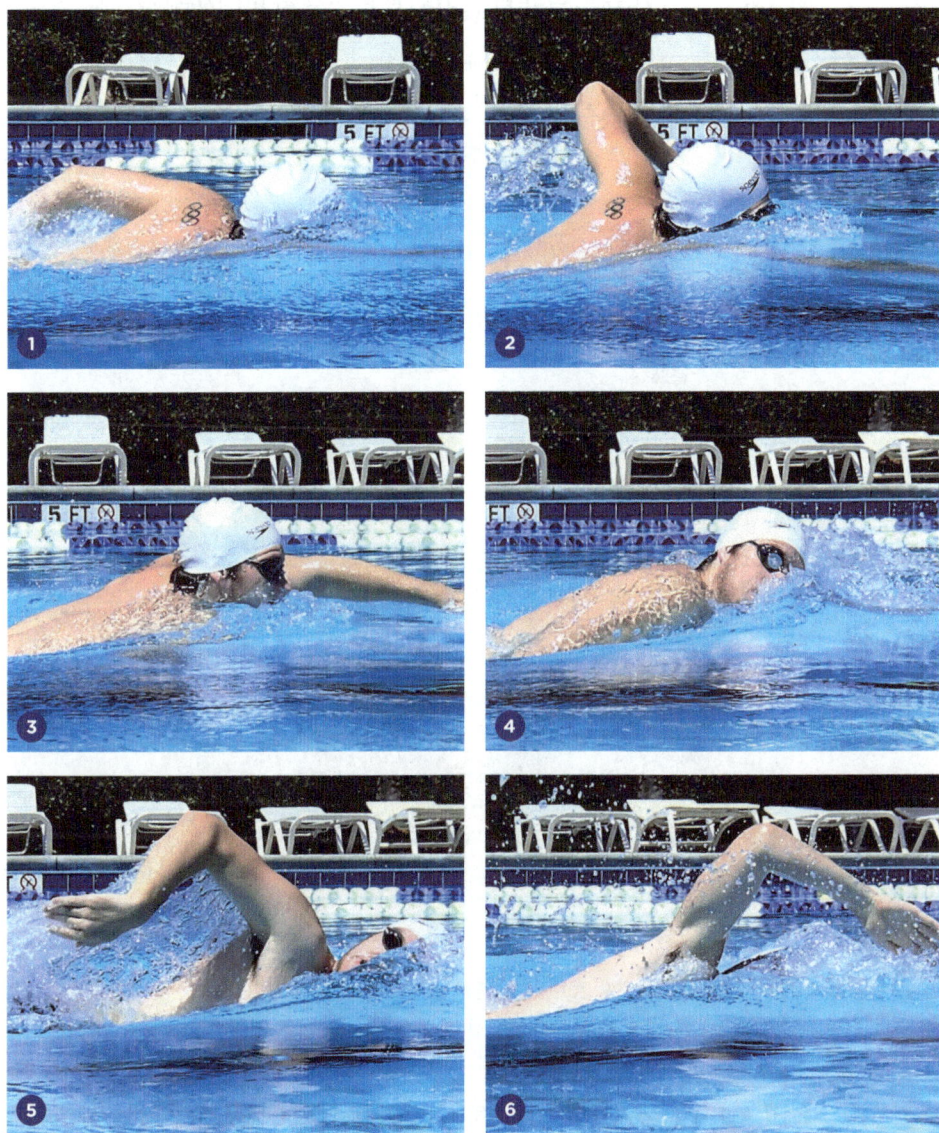

图 A.1　开放水域世界锦标赛奖牌获得者，奥运选手安德鲁·格梅尔的观察动作，然后再无缝地进入换气过程。

图 A.2 显示阿什利·惠特尼采用的是与安德鲁相同的观察／换气技术。她在右臂伸展和抓水时开始观察（第 1、2 帧），然后将头部放低，转向右侧换气（第 3、4 帧）。

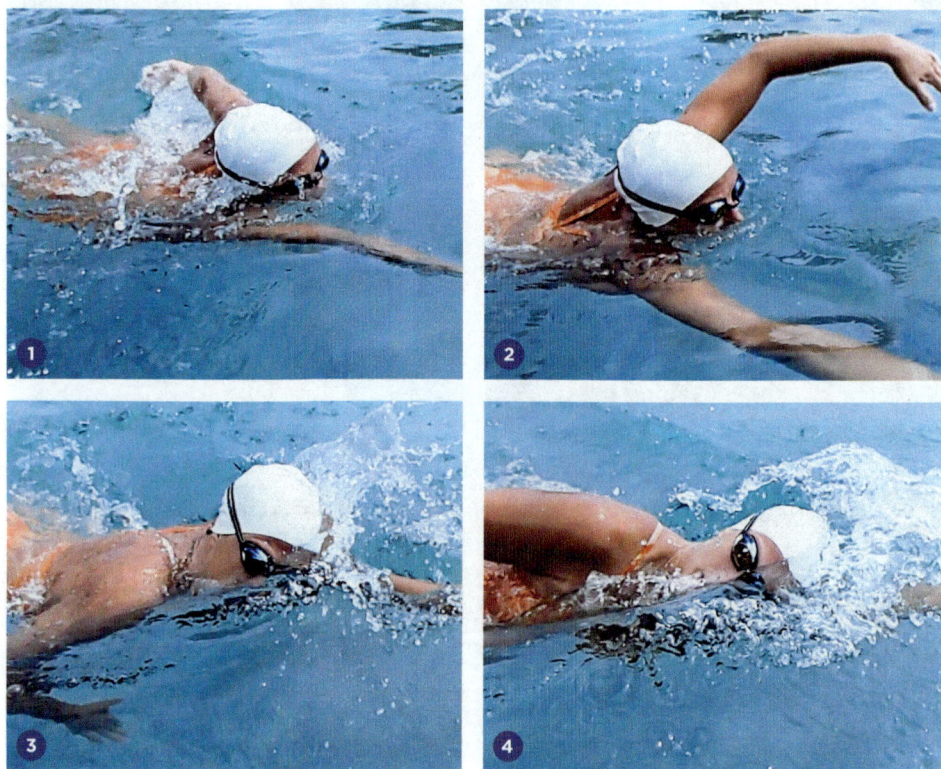

图 A.2 阿什利·惠特尼从水中仅仅抬起眼睛来进行观察（第 1、2 帧），没必要抬得更高，因为在观察动作之后，才在身体的一侧进行换气（第 3、4 帧）。

在图 A.3 中，我们从水下视角可以看到，阿什利从观察过渡到左侧换气的过程。她从水中仅仅抬起眼睛。她的髋部在所有帧中始终保持在水面，这一点就能说明这个微小的抬起动作对她身体的位置没有影响。

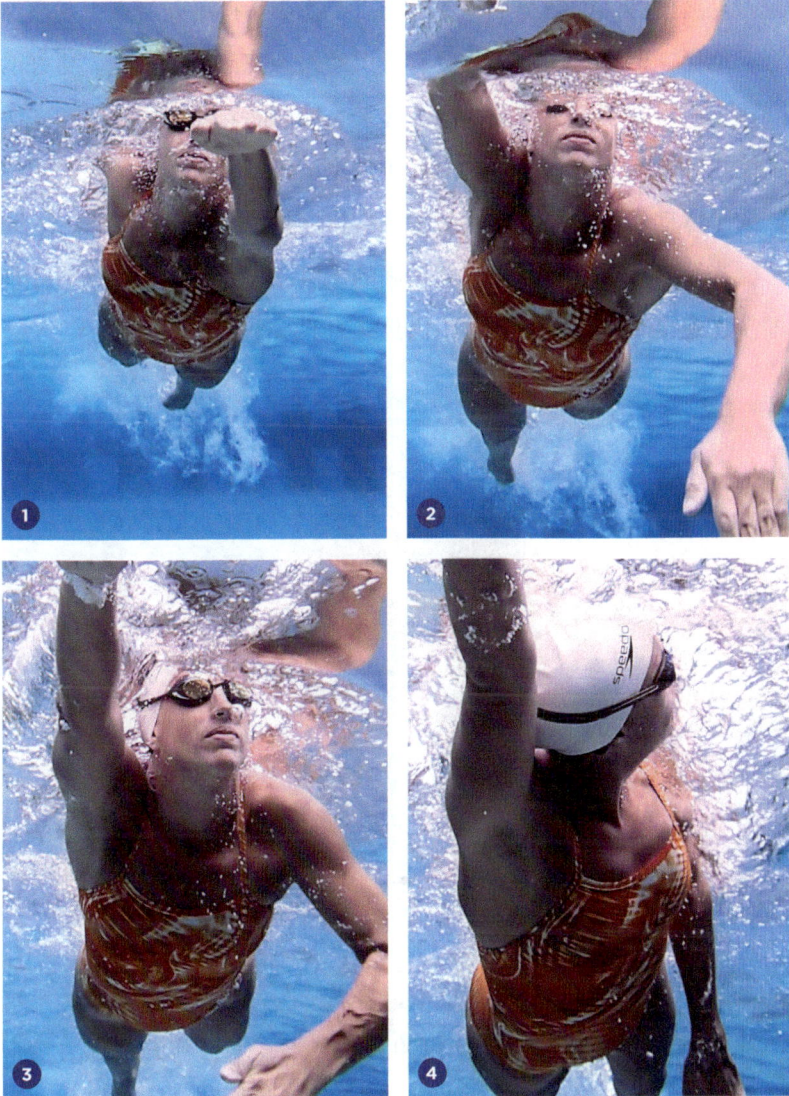

图 A.3 阿什利在左臂伸展和抓水时进行观察（第 1、2 帧），然后在划水周期的后半段，无缝地进入左侧换气过程（第 3、4 帧）。

在波涛汹涌的情况下，你可能需要把头抬得略高一点去观察浮标或地标，但在这样做时，要有意识地保持髋部位于水面。更好的办法是，将观察时机与波峰同步起来。你可能需要连续观察两三次才能找到波峰的位置，但这样做还是比偏离路线或是停下来改用蛙泳的手臂动作让头部浮出水面来观察浮标更快。

当然，在观察时不要放弃正确的泳姿。如图 A.4 所示，阿什利即使在观察时，她的抓水动作仍具有专业水平。

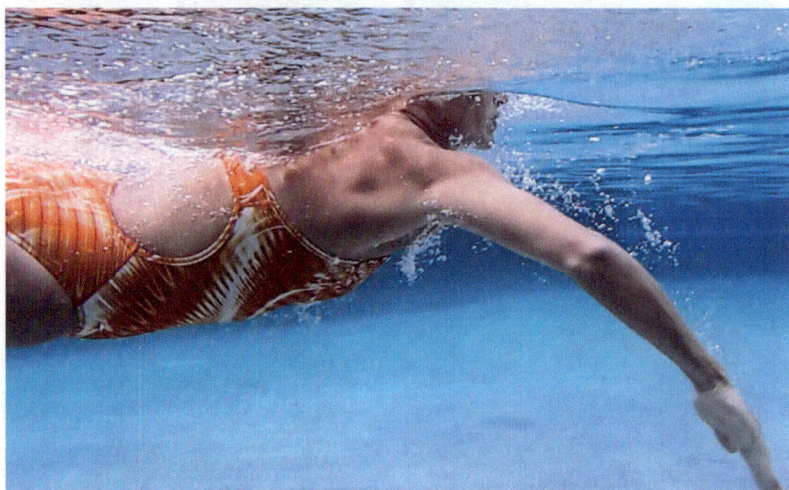

图 A.4　阿什利即使在观察的时候，她的抓水动作仍具有专业水平。

在泳池中练习你的观察技术，每周一次，游 500 ~ 800 米，每 25 米观察两次。这将会磨炼你的观察技术，增强你的颈部力量，使你有能力在开放水域中游出一条直线。

附录 B
短距离自由泳的直臂技术

在 2013 年全美大学生体协锦标赛上的 182.88 米（200 码）自由泳接力赛中，弗拉基米尔·莫罗佐夫在他的 45.72 米（50 码）赛程中游出了 17.86 秒的成绩，按理说他成了有史以来在水中移动最快的人。那些观看了接力赛和看到他在 91.44 米（100 码）自由泳（个人项目）游出 40.76 秒成绩的观众们都说，他看起来好像游在水面之上，而不是在水中游泳。

这位游得最快的人在水里到底做了什么，以至于产生如此快的速度？弗拉基米尔采用了一种直臂技术。我们从贯穿于本书之中的内容可以看到，精英选手如何将手掌／前臂当作一只巨桨来增加推进力（即为升力和阻力的合力）与水的接触面积。如果能把这只桨进一步延长，把上臂的表面积也加进来呢？游泳选手能够产生多少额外的力量？答案是：在 45.72 米（50 码）自由泳达到 17.86 秒成绩的力量水平。

许多人认为，直臂技术仅用于划水的水上恢复阶段。的确，优秀的短距离游泳选手采用直臂技术进行水上恢复，他们的手臂呈一条直线，而不是屈肘的姿势。但是这个是在水下抓水时的直臂姿势，要想掌握这种专业的短距离冲刺技术，极具挑战性。

越来越多的优秀短距离选手在 50 米自由泳中采用直臂技术，有些人能够持续到 100 米自由泳，但这对体能的消耗非常大，以至于大多数人无法在整个 100 米自由泳中用到它。直臂自由泳绝对不适用于中长距离的精英游泳选手（200 米或更长）。

接下来的篇幅将重点阐述直臂技术的强大之处，但在这个附录中有一则警告：直臂技术会对肩膀造成巨大的压迫，这不是一个容易或速成的技术。希望使用直臂自由泳技术的游泳者应该有一套全面的体能训练计划，并由一位对此技术熟悉的教练来指导。否则，肩部受伤的风险会很高。

曲线拉水路径

采用直臂技术的短距离游泳选手与所有泳姿的精英游泳选手一样，都要经过向后划过一条曲线路径。尽管弗拉基米尔的划水动作极快，在 45.72 米自由泳中，每个完整的划水周期用时 0.85 秒，在 91.44 米自由泳中每个周期用时 1.0 秒，他在静止的水体中划行，沿着一条曲线路径，以确保推进路径的长度，或者如厄尼·马格利索所说的，在水中"斜向"划水。图 B.1 展示了从伸展到完成的路径。

在第 1 帧中，弗拉基米尔在肩膀前方伸展。当他为了抓水而向后压的时候（第 2、3 帧），他保持直臂姿势，在明显宽于肩部的位置向下划扫。这个直臂抓水动作让弗拉基米尔能够将升力和阻力与整个手臂的长度相连接，从指尖一直到肩膀。要应对施加在上肢的阻力，需要强大的力量和肩部稳定性。

图 B.2 从侧面视角展示了这种要求极高的抓水动作。注意观察弗拉基米尔上臂、肩膀和上背，你还可以看到涡流的扰动，那些白色的气泡，贯穿他整个手臂的长度。这表示他将推进力与上肢、手

图 B.1 弗拉基米尔·莫罗佐夫的直臂自由泳技术，一些精英选手在短距离赛事中会采用这项技术。

图 B.2 直臂自由泳技术的抓水阶段对体能的要求最高，要求游泳者的上臂、肩膀和上背拥有强大的力量。

掌／前臂相连接。在这张图中，弗拉基米尔在划水动作中裹进了空气，让我们能够看到推进的能量。

回顾图 B.1 第 4、5 帧中，采用直臂技术的短距离自由泳选手在抓水后，屈臂完成划水的斜向阶段，屈臂角度小于 90 度，而我们看到中长距离自由泳选手以及其他泳姿在这个阶段的屈臂角度都是 90 度。直臂选手需要利用屈臂来保持平衡，同时将手掌／手臂引向邻近的水体。注意比较弗拉基米尔在第 3 帧和第 5 帧中手掌／手臂的位置，他从宽于身体的水体移动到髋部下方的水体。

弗拉基米尔在第 5、6 帧之间做下一次和最后一次转向，直至划水完成，在这一阶段他都保持屈臂姿势。他将手掌划向髋部，如第 6 ~ 8 帧所示。

躯干动作和打水时机

图 B.1 还展示了弗拉基米尔的 6 次打水时机和躯干在长轴上的动作。弗拉基米尔在第 1 帧中向右转动，右臂刚刚完成划水。他在第 2、3 帧中用左臂抓水时，开始向左转动。他在手臂拉水直到完成时，顺势旋转身体。直臂短距离选手必须拥有极强大的核心力量，在整个划水周期中保持躯干的平衡，尤其是在直臂抓水过程中。

打水也有助于躯干的平衡。即使是在短距离自由泳冲刺时（每个手臂划水周期用时 1.0 秒或更短），弗拉基米尔将 6 次打水的时机与躯干动作和拉水周期完美结合起来。直臂自由泳的 6 次打水时机与中长距离精英自由泳选手的 6 次打水时机相同。

弗拉基米尔在左臂伸展时，右腿向下打水（第 1 帧）；第 2 次打水在第 2、3 帧中，弗拉基米尔用左臂抓水，左腿向下打水；在第 4、5 帧中，弗拉基米尔在划水的斜向阶段，右腿向下打水（第 3

次打水）；接下来是奋力一击——前进速度达到峰值，同时左腿向下打水，左手／手臂完成划水（第 6 ～ 8 帧）；在左臂的水上恢复阶段，完成最后 2 次打水。

　　弗拉基米尔的打水比我们在自由泳章节中看到的彼得的打水更加剧烈和有力。短距离运动员开启了加速器，他们无须考虑节省体能。6 次打水可以在短距离冲刺中提供全部的能量，或者也可以在较长距离的比赛中提供较低程度的推进力。打水最重要的因素是恰当的时机。

弗拉基米尔泳姿的后视图

　　让我们从后视的角度观察弗拉基米尔的泳姿，来更好地理解划水路径和躯干动作。图 B.3 显示了弗拉基米尔在拉水的推进阶段中，

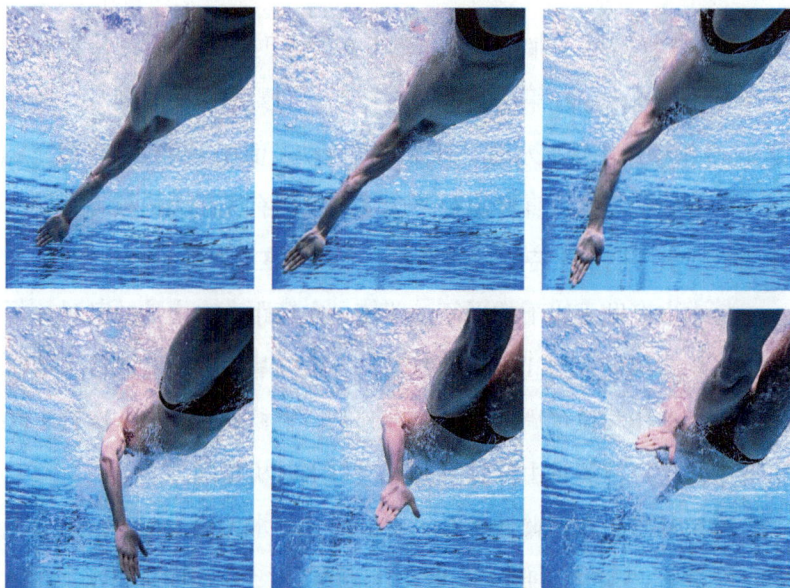

图B.3　在整个拉水过程中，弗拉基米尔敏锐地感知到自己的手掌／手臂向后迎水。

通过本体感受，知道自己的手掌／手臂向后迎水。每帧都表明，他确保升力和阻力的合力可以用于将自己从水阻中推向前方。

还要注意他在长轴上的躯干动作。他在第 1 帧中向右转动，但是用左臂抓水和进行拉水，随着划水动作，躯干顺势向左。在划水过程中，躯干并非作为一个独立的部位沿轴线做随机运动，而是与拉水衔接配合并保持平衡，以获得最快的速度。

后视图中再次强化了所有精英选手泳姿的两个重要特点：弗拉基米尔保持手掌平直，与前臂呈一条直线，使得升力和阻力共同作用的表面积最大化，他在划水时具有强有力的肌肉紧绷度（但不僵硬），用来应对水阻。这些细节是训练肌肉运动感知能力的关键，它能帮助运动员感知或抱住水。

让我们仔细观察弗拉基米尔的肌肉运动感知能力。图 B.4 显示了弗拉基米尔从抓水到划水的斜向阶段过程中，手掌／手臂转向时的表面积和紧绷度。注意在划水路径中，他既没有屈腕，也没有改变手掌的形状。在这两帧中，手臂上附着的白色气泡表明，当弗拉基米尔在向后压水和移动至静止水体时，他会保持与推进力之间的联系。游泳者必须寻求这种水阻，并将它转化为使身体向前移动的推力。

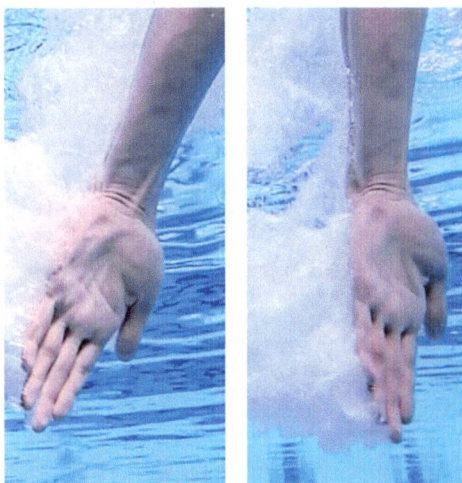

图 B.4 弗拉基米尔在转向时，会保持与推进力之间的联系。

纯粹的推进力量

我们已经看到这种直臂自由泳技术的动作和划水特点。让我们在本文结束之前再享受一张视图（图 B.5），展现了弗拉基米尔采用这个技术的推进力量——他 17.86 秒的力量。

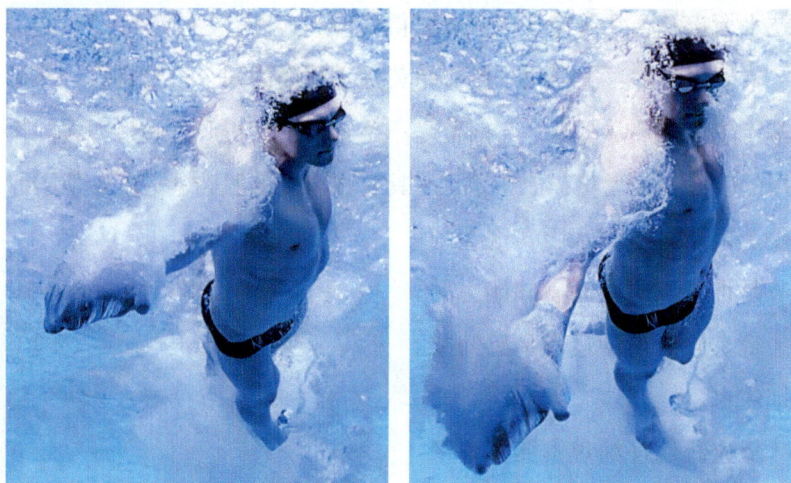

图 B.5 弗拉基米尔纯粹的推进力量。

划水数据

弗拉基米尔·莫罗佐夫，2013 年全美大学生体协第一赛区锦标赛

182.88米（200码）自由泳接力（第三棒），22.86米（25码）泳道
接力分段计时：17.86秒（史上最快的分段计时）

距离（米）	划水次数（次）*	划水周期（秒/次）	分段计时
第1个22.86	6.5	0.85	约8.25秒
第2个22.86	9	0.85～0.90	17.86（约9.61）秒

* 划水次数按一个完整周期来计。

出发和转身数据
出发后潜泳的时长和距离（接力之后）：2.3秒，9.1～10米。
转身后潜泳的时长和距离：2.1秒，6.4米。
从手触壁到脚蹬壁的时长：0.9秒。

弗拉基米尔·莫罗佐夫，2013 年全美大学生体协第一赛区锦标赛

91.44米（100码）自由泳，22.86米（25码）泳道
成绩：40.76秒（第一名、全美大学生体协纪录）

距离（米）	划水次数（次）*	划水周期（秒/次）	分段计时
第1个22.86	6	1.0	无数据
第2个22.86	7	1.0	19.14秒
第3个22.86	8	1.0	无数据
第4个22.86	8.5	1.0	40.76（21.62）秒

* 划水次数按一个完整周期来计。

出发和转身数据
出发后潜泳的时长和距离：2.9秒，10.1米。
转身后潜泳的时长和距离：2.3～2.4秒，7.3米。
从手触壁到脚蹬壁的时长：0.75～0.90秒。

参与者

游泳选手

伊丽莎白·贝赛尔，2012年奥运会400米个人混合泳银牌和200米仰泳铜牌获得者，全美大学生体协第一赛区锦标赛200米仰泳冠军（2012年），400米个人混合泳世界冠军（2011年）。

最好成绩
182.88米（200码）仰泳：1分49.82秒
365.76米（400码）个人混合泳：3分58.84秒
400米个人混合泳（长池）：4分31.27秒

尼古拉斯·芬克，2013年世界锦标赛100米蛙泳决赛选手，2014年全美大学生体协第一赛区锦标赛91.44米（100码）蛙泳排名第二。

最好成绩
91.44米（100码）蛙泳：51.48秒
182.88米（200码）蛙泳：1分51.92秒
100米蛙泳（长池）：1分0.10秒

罗迪·盖恩斯，在1978—1984年期间曾10次打破世界纪录，在1984年奥运会上获得3块金牌。他目前和丹·希克斯一起担任NBC节目的奥运会游泳解说员，并且是游泳大师赛的世界纪录保持者。

最好成绩

50米自由泳（长池）：22.96秒（1980）

100米自由泳（长池）：49.36秒（1981）

200米自由泳（长池）：1分48.93秒（1982）

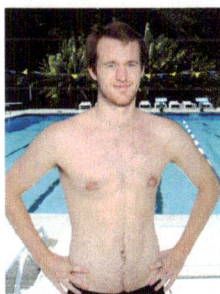

安德鲁·格梅尔，2009年世界锦标赛10千米开放水域赛事银牌获得者，并被选为2009年美国开放水域游泳的年度人物。他还在2012年美国奥运会选拔赛上获得室内1 500米自由游冠军，入选2012年奥运代表队。

最好成绩

457.2米（500码）自由泳：4分17.75秒

1 508.76米（1 650码）自由泳：14分41.86秒

1 500米自由泳（长池）：14分52.19秒

艾丽安娜·库克斯，200米个人混合泳（长池）世界纪录保持者。2009年美国奥运代表队选手，世界冠军，并被《游泳世界杂志》选为年度最佳美国游泳选手。

最好成绩

200米个人混合泳（长池）：2分6.15秒

梅兰妮·玛格丽斯，2013年世界大学生运动会200米个人混合泳铜牌获得者，2014年全美大学生体协第一赛区锦标赛182.88米（200码）个人混合泳排名第二。

最好成绩

182.88米（200码）个人混合泳：1分52.64秒

365.76米（400码）个人混合泳：4分0.30秒

弗拉基米尔·莫罗佐夫，全美大学生体协锦标赛冠军，世界冠军，2012年奥运会铜牌获得者，全美大学生体协91.44米（100码）自由泳纪录保持者。在2013年全美大学生体协第一赛区锦标赛上，他的45.72米（50码）自由泳分段计时成为史上最快成绩。

最好成绩
91.44米（100码）自由泳：40.76秒
50米自由泳（长池）：21.47秒
100米自由泳（长池）：47.62秒

亚伦·佩尔索，100米和200米仰泳（长池）世界纪录保持者，曾代表美国参加了3届奥运会（2000年、2004年和2008年）并获5块金牌和2块银牌。

最好成绩
100米蛙泳（长池）：51.94秒
200米蛙泳（长池）：1分51.92秒

道格·雷诺兹，全美大学生体协第一赛区全美和东南体育协会锦标赛冠军，以强有力的水下海豚式蹬离池壁动作而著称。

最好成绩
91.44米（100码）蝶泳：45.92秒

劳拉·索加，2013年全美大学生体协第一赛区锦标赛冠军，2012年美国开放水域赛事冠军，2012年世界锦标赛（短池）200米蛙泳银牌获得者。

最好成绩
91.44米（100码）蛙泳：58.32秒
182.88米（200码）蛙泳：2分5.04秒

丽贝卡·索尼，历史上唯一一位连续在两届奥运会上获得200米蛙泳冠军的女选手。在2008年和2012年奥运会上，她夺得金牌并且打破世界纪录。她在职业生涯中曾保持着短池和长池的100米和200米蛙泳世界纪录，6次获得全美大学生体协锦标赛冠军。

最好成绩
100米蛙泳（长池）：1分4.84秒（1分2.70秒短池）
200米蛙泳（长池）：2分19.59秒（2分14.57秒短池）

彼得·范德卡伊，曾代表美国参加了3届奥运会（2004年、2008年和2012年）并获4块奖牌，5次获得全美大学生体协锦标赛冠军，3次世界锦标赛冠军，457.2米（500码）自由泳美国纪录保持者。

最好成绩
457.2米（500码）自由泳：4分8.54秒
400米自由泳（长池）：3分44.69秒

阿什利·惠特尼，1996年奥运会4×200米自由泳接力金牌获得者，曾经是美国开放水域游泳国家队成员。

最好成绩
182.88米（200码）自由泳：1分47.10秒
457.2米（500码）自由泳：4分44.30秒

摄影师

丹尼尔·史密斯是俄亥俄州弗米利恩的一位职业摄影师，他还担任高中的游泳和撑杆跳教练，是美国铁人三项和美国游泳大师赛的认证教练。

作者简介

　　希拉·陶米娜身高 1.57 米，直到 27 岁才第一次入选奥运会美国国家队。看上去她不太可能在 3 项完全不同的运动项目（1996 年游泳、2000 年和 2004 年铁人三项、2008 年现代五项）中连续 4 次入选夏季奥运会。她短暂的"巅峰"时期是两次（1988 年和 1992 年）参选奥运会美国游泳队，但并未成功。在随后的几年里，她继续完成学业，于 1994 年获得商学硕士学位，然后在汽车行业开始了她的职业生涯，在底特律拥有一份全职工作。

　　之后，她把目标放在参加 1996 年奥运会上。在美国密歇根州的利沃尼亚，她上班前后都和当地的一个小游泳队一起训练。那时她没有赞助商的支持，只有一份训练计划、艰苦的训练和一位看好她的教练。最终，希拉学到了如何提高技术和效率，以及通向成功的关键。多年以来，希拉运用这些技术，成长为游泳运动的奥运会冠军、铁人三项运动的世锦赛冠军和现代五项运动的世界杯选手。

　　总之，希拉·陶米娜经历了 6 种不同的奥运会比赛项目——游泳、自行车、跑步、手枪射击、击剑和马术障碍赛，她有着独具一格的关于奥运会、人类潜能和运动表现的观点。

　　今天，希拉到处旅行，从旧金山到曼谷，到约翰内斯堡，向大家传授她书中的游泳技术。她在世界各地开办游泳训练营，为精英游泳运动员和铁人三项运动员传授游泳技术并提供训练指导。

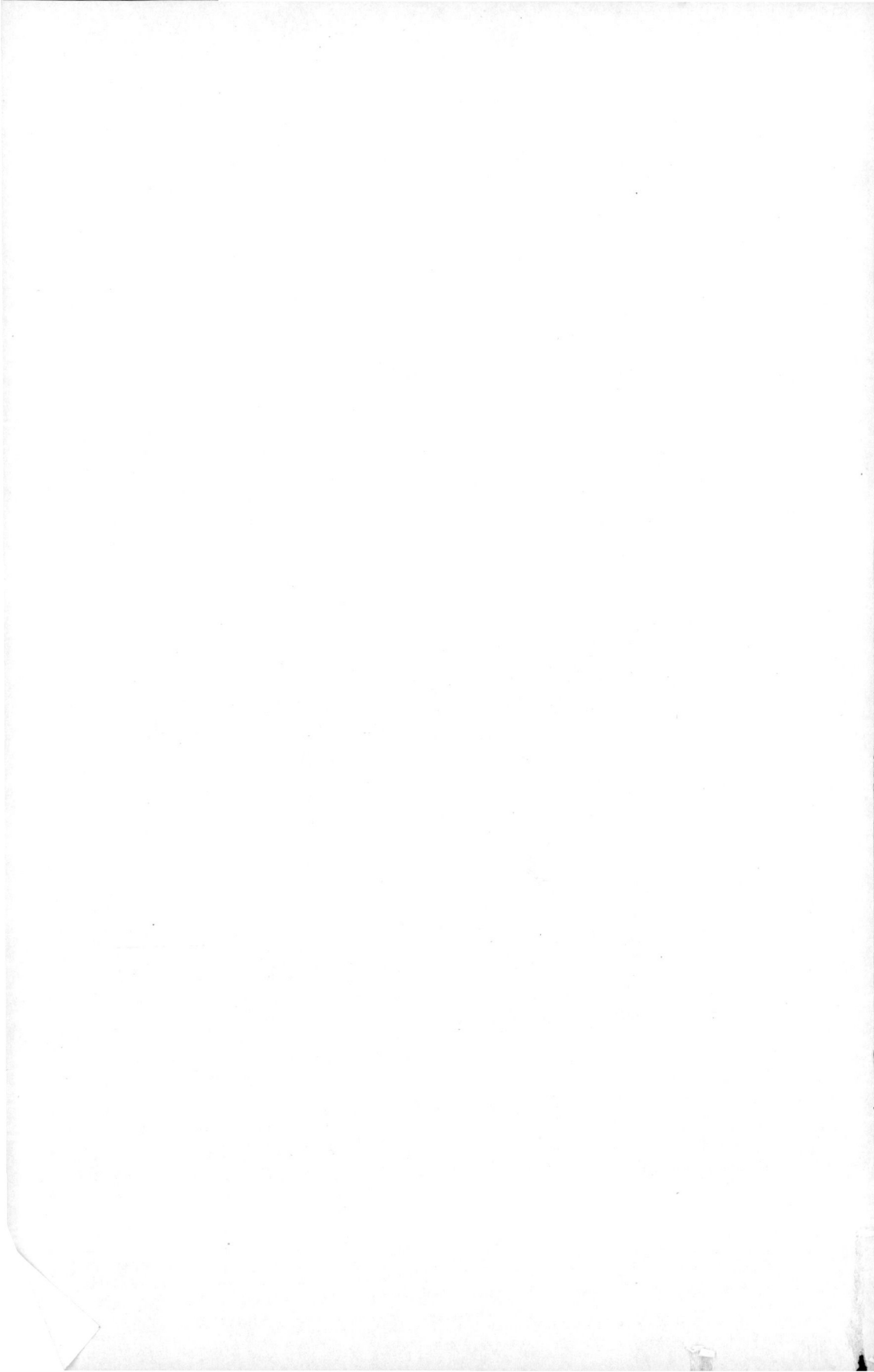